藏書

珍藏版

周易全書

赵文博 主编

陆

辽海出版社

目　录

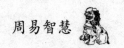

德容万物，风水流转

原文：直方大，不习无不利。

释义：正直，端正，广大，具备这样的品质，即使不学习也不会有什么不利。直，是公正无私的正直；方，是处世果断有方的才干；大，是宽大为怀的气量。这是每一个人处世必须具备的人格魅力。

释例：拿破仑手下一位将军在一次军官会议上说：

在很短的期间内，你们之中的每一个人都将控制另外某些人的生命。你们将领导一些忠于国家但未经训练的公民，他们将接受你的指挥与领导。你所说的话就是他们的法律。你随口说出的每一句话都被他们铭记在心。你的态度将被模仿。你的服装、你的举止、你的言谈、你的指挥态度，都将被模仿。

当你加入你的部队时，你将发现，有这么一群人，他们对你并无所求，只希望你能表现出一些才能，获得他们的尊敬、效忠与服从。他们已准备妥当，急于追随你，只要你能使他们相信你具有这些才能。当他们认为你并未拥有这些才能时，你最好自己挥手道别吧。你在

1

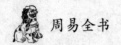

那个部队中已经没有任何用处了。

从社会观点来看，这个世界也许可分为领袖与追随者两部分。各行各业有他们的领袖，金融世界有他们的领袖，在所有这些领导阶层中，很难（如果不是不可能的话）分辨出纯粹的领导才能以及个人成就的自私因素，没有了这些，任何领导能力都失去了它的价值。

只有在军队方面，我们才能盼望领导者表现出最高尚、最公正的态度，因为，在军中，人们愿意为了信仰而毫不犹豫地牺牲生命，为了正义或阻止错误而愿意受苦或死亡。因此，当我说到领导才能时，我是指军事领导才能而言。

几天之后，你们之中的大多数人都将接受委任，出任军官。这些委任令不会使你成为领袖，它们只能让你当一名军官。它们将把你安置在一个位置上，只要你拥有正确的品行，你将在这个位置上成为一名领袖。但你一定要善待他人，而且要多多善待你属下的人，而不是去巴结你的上司。

我们在读这段演讲时，也许不以为然，因为这是一位早已过时的、不知名的将军的演讲，是与现代社会有着很大距离的文化背景和时代背景下的即兴表述。

可是我们要知道一位正直、有才干、有心量的人，实际上就要具备指挥将士们冲锋陷阵的大将处世风度。这种风度正是"直、方、大"综合品质的凝结和发散。有了这种处世风度，不需要你亲自上前线，仗一定能打赢的，这就是"不习，无不利"的密诀。

怀才不彰显，中正处世

原文： 含章可贞，或从王事，无成，有终。

释义： 含蓄着美丽的文采，以守持中正之道。辅佐君王政务，不居功自傲且始终坚持职守。

释例： 爻辞指出了时间与人事的重要因素，主要以含蓄的情势和态度来表达。说明即使是表彰、赞许、激励的言辞，也要选择合适的时间和方法来充分地表达。从事务的裁断和把握上，可以知道虽无建树但光明正大的结果。

安德鲁·卡内基曾经说："我是不会帮助那些缺乏雄心壮志的年轻人。"

要敢于树立这样的目标：要成为最优秀的社会人士。不管你目前的地位有多高，仍然应该告诉自己：

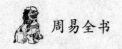

"我的地位应在更高处。"要敢于梦想，要立下决心——得到那个让人羡慕的地位，并且发誓一定要为之竭尽全力。

经常有些年轻人问我，是否认为他们可以取得成功，是否认为他们具有与众不同的价值？我回答说："你当然可以成功。我觉得你完全有成功的潜力，但不知道你是否一定能成功。这完全取决于你自己。如果你有力量和愿望去争取成功，那么，没有什么可以阻挡你；如果你没有这样的力量和愿望，那么，再好的教育、再有利的外界因素都不足以把你推向成功。"

一位当代作家说："我对于那些刚刚走上社会的年轻人的建议是：开始时就要有坚定的理想和确定的目标，除非业已实现，否则决不要轻易放弃。"

我们很难想象，自己的成长在很大程度上都依赖于某些方面的激励。可以说，人的每一次行动都需要一定的激励。当缺乏内在动力的时候，我们不会自觉地做任何事情。而对一个普通人来说，生命中最大的推动力往往也是要在社会上安身立命、出人头地的愿望。

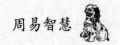

谨慎开口，免生烦恼心

原文： 括囊，无咎无誉。

释义： 扎紧袋口，不说也不动，这样虽得不到称赞，但也免遭祸患。

释例： 也许每一位有社交经验的人都会有这种切身的体会：在某些特殊的场合，说话都要谨慎，要像收紧的小口袋那样，将想表达的意思好好地组织成合适的语言，用合适的语气表达出来，切不可张嘴就说，说过后又不负责任，不认帐。要知道这样会给自己惹出些不必要的麻烦，还会丧失自己的信誉。

所以对于那种口无遮拦的人切切要谨慎，否则会误事的。

有位企业人事资源部部长讲过这么一件事：一天，她办公室来了一位应聘的年轻人。表面上看去很内向，回答问题时，显得有些木纳嘴笨。但在十几分钟时间里，竟抢着别人的话题说了不该他说的话。于是，她果断地判断这是个爱管闲事，并且口无遮拦又缺乏经验和修养的人。于是对他说："请到其它单位去试试吧"、

"不过，我想送你一句话，今后无论你在何处高就，都要谨开口，不该说的话半句也不说，该说的话一定要认真、诚恳地说好。"真是一位心肠太软的女士，宁可得罪一个人，也要想办法帮助一位青年改正自己的缺点。

试想，如果这位年轻人依然我行我素，还能找到理想的单位吗？还能受到朋友的喜欢吗？人都说："人言可畏"，要知道那些可畏的人言正是从"快嘴"、"游嘴"中溜出来的。用绳子将那些"快嘴"、"游嘴"扎紧吧，闲言散语少了，是非也会少许多，烦恼自然也会少了许多。

吉祥黄衣，谦逊之德

原文：黄裳，元吉。

释义：黄色的衣服，最为吉祥。

释例：人们口头上常说的"衣裳"一词，是指上衣（衣）和下装（裳）的。"裳"一般又是指装饰性的下装，表示一种谦恭之意。因为"黄"在古文中一般代表中间、中庸。黄帝，为中原之帝；中原之土为黄土地；位居中间的帝王冠带、伞盖、龙袍，都是黄色，所以，黄色正是中国人传统文化中不偏、不倚的处世之道和虚心谦逊的为人之德。

"黄裳，元吉"，使人大吉大利的，并不在于"裳"（外表的打扮）而在于"黄"（内在的品格）。

你也许会以最漂亮，最新款式的衣服来装扮自己，并在外表上展现最吸引人的仪态。但是，只要你内心存在着贪婪、妒嫉、怨恨及自私，那么，你将永远不能吸引任何人，却只能吸引和你同类的人。物以类聚，因此，你可以确定，被吸引到你身边来的，都是性格与你相同的人。

你也许可以露出一个虚伪的笑容，掩饰住你真正的感觉，你也许可以模仿表现热情的握手方式，但是，如果这些外在的迷人的个性的表现，缺乏了那个被称作"有目的的热忱"的重要因素，那么，它们不但不会吸引人，反而会令人逃避你。

在生活当中我们首先要学会识人，识人时不能仅仅从人的外表去判断可用不可用，能不能重用，真正的识人标志，一定要透过外表看本质，观其表而审其内。所以说善于交际的人必定有一双识人的慧眼，何谓慧眼？就是能识透人心，观察到人的意志品质的眼光。曾国藩

的"冰鉴"之术，何谓"冰鉴"？冰者，冷静也；鉴者，观察、鉴定也。

有的放矢，善待失败者

原文： 屯如。邅如，乘马班如。匪寇婚媾，女子贞不字，十年乃字。

释义： 徘徊不前。骑马的人纷纷而来，不是抢劫而是前来求亲；女子坚持中正原则，不急于出嫁，等待了十年才缔结姻缘。

释例： 有时候，本应一帆风顺，同人们的关系相处的很和谐，但偶尔出现不正常、不顺利的事也是正常的。因为，原本正常，暂时的不正常，终究要正常，就像女人暂时不生育，将来毕竟要生育一样。

假如你的朋友中有人经受过一次失败后，患得患失，办事犹豫不决，你是不作任何客观分析草率地批评、处分，还是给予耐心和关心，有的放矢地去开导和引导他呢？我认为，善待人者肯定会取后者。因为人的提高与进步是无数次教训的积累，但人脆弱的神经系统最经受不起的还是失败的打击。

一次失败的经历，往往会使那些意志薄弱者丧失振作起来的信心与勇气，很可能从此在脑海深处将会铭刻下"我是一个失败者"的终生定论。对于一件具有挑战性的工作，一种莫名的潜意识提醒他们：过去有过这样的痛苦经历，那么现在还会有什么两样呢？你最好小心再小心，往最坏的方面打算。

一旦我们的朋友被这样消极的信条反复纠缠，那他以后也就注定会是个失败者。所以，最好的办法就是让那些意志薄弱者在学会坚强的同时，为他们的失败实施"冷处理"。帮他们寻找一个台阶，一个借口，让他们觉得自己尚未失败，只是在某方面受挫，小小的不成功而已。

放下偏见，亲疏不二

原文：困蒙，吝。

释义：人处于困难的境地，不利于接受启蒙教育，因而孤陋寡闻，结果是不大好的。被偏见的蒙昧所困惑，必然造成遗憾。

释例：对待与自己意见相左的人，同样要一视同

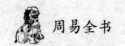

仁，不要因个人的偏见而偏信，因偏信而偏用，这样，会使他们产生逆反心理，不仅仅是疏远了你，关键的是使周围的人心远离了。要把握好这种亲疏不二的平衡，最好的诀窍就是用统一的价值观去善待每一位身边的人，用统一的评判标准去评价人。而不能让他们老觉得你在用双重的标准要求他们，这样，他们也会用一种另类的标准来评价你。

爱默生说过："一个人本身有什么价值，人们就会对他作相同的评价。他所有的一切皆表现在他的脸上、他的姿态上、他的命运上，除了他自己之外，任何人都可以看得一清二楚。……如果你不愿别人对你产生某种看法，你绝对不能做出会令人对你产生这种看法的行为。一个人固然可以跑到沙漠中装疯卖傻，而不会被别人看到，但沙漠中的每一粒沙子都是最好的证人。"

爱默生在前面这段文字中所提及的法则，就是"黄金定律"用来作为基础的法则。当他提笔写出下面这段文字时，他脑中所想的也是同一种法则："违反真理，不仅是骗子的一种自杀行为，更是对人类社会健康的一项损害。谎言虽然可能为你带来眼前的重大利益，但却会带来最后的毁灭；坦诚则是最好的策略，因为坦诚会引来对方的坦诚，使各方面处于平等地位，产生友谊。信任别人，他们将会真诚地对待你；把他们当作伟人看待，他们将会表现自己像是伟大人物，但他们会认为你更伟大。"

期之以事，而观其信

原文： 九三，需于泥，致寇至。

释义： 在泥淖中等待，招致匪寇的到来。

释例： 当然，这种耐心是双向的，建立良好的人际关系需要有足够的耐心，尽可能等待一些可塑性的成长空间。同时，如果经受不住时间的考验，那后悔的将不是别人，而是自己了。

以知其意志、应变、知识、勇敢、性格、廉德、信用，而决不可凭感情和印象用人。诸葛亮的"知人"方法对于我们人际交往是有很大帮助的。其方法为："问之以是非，而观其志"。就是要亲自与下属讨论对各类事物是非对错的看法，来观察他们的立场、观点、信仰、志向是否明确坚定。

"穷之以辞辩，而观其变"。就是要求我们在对人际

交往中某些现实问题的处理意见同进行不断地进行辩论，提出质疑，以此来考察他们的智慧与应变能力。

"咨之以计谋，而观其识"。就是要求我们不断地向自己需要了解的人提出咨询，请他们对一些重大问题提出谋略和决策方案，以考察他们是否有能力和见识。

"告之以祸难，而观其勇"。即告诉他们可能面临的灾祸和困难，来识别他是否能临难而出，勇往争先，义不反顾。

"醉之以酒，而观其性"。就是与朋友同宴时可以劝他饮酒，以观察他是否贪杯、酒后能否自制以及表露出来的本来面目如何、是否表里如一？等等。

"临之以利，而观其廉"。就是把朋友放在有利可图或者可以得到非份利益的环境里，看他是廉洁奉公、以人民利益为重，还是贪图私利或者只顾小我的利益，见利忘义。

"期之以事，而观其信"。就是委托朋友独立自主地去完成某项工作，看他是克尽职责、克服困难，想办法去把事情办好，还是欺上瞒下、应付了事，来考察他是否忠于职守、恪守信用。

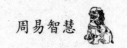

老虎虽凶险，仍然要效劳

原文：六三，眇能视，跛能履。履虎尾咥人，凶；武人为于大君。

释义：眼睛快要瞎了，但勉强能看到一点点；腿跛了，但勉强能走几步。不小心踩在老虎尾巴上，老虎回头就咬人，凶险；勇敢的武士要竭力为君主效劳。

释例：有一种人，外强中干，没有专长，没有实干精神，也缺乏自知之明，即使时时为此碰壁，却老想着能爬上领导高位，老是惦着那种权重加身的职务。

对这种人，或干脆不用，或及早辞退，当然也有用人者能歪才正用，巧妙地利用这种人这种缺点，让他们也能在不被重用的情况下卖力。

电影制片厂称名不道姓，是从沃尔特开始的。

有两位编剧，工作特别差劲，沃尔特说："他们写出那么不对劲的剧本，连我都知道应该怎么写剧本了。"但他们并没有被辞退。因为沃尔特不轻易开除人，只要是不重要的工作部门往往是他所不喜欢的人。

自我表现的人沃尔特不欣赏，只有那些具有献身精

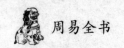

神经过通力合作才能完成卡通影片制作的人，才符合步步高升的要求，而那些爱出风头的人只能趁早离开。

沃尔特·迪斯尼制片厂是由迪斯尼兄弟制片厂易名而来的，电影行业不太好做，虽然沃尔特·迪斯尼闻名于全世界，但这并非是沃尔特自我表现的结果。

沃尔特认为，公司里就"沃尔特·迪斯尼"这个名字最重要，其它的名字不提它也罢。

有一次，一位叫肯·安德生的新人听他说："你是我的人就要接受'沃尔特·迪斯尼'，如果你要推销'肯·安德生'，那你还是趁早离开。"

现在的处境不足以分辩事物；我们的能力也只能勉强能走几步，不能出外远行；而老虎是凶险，表明这时处的位置很不妥当，竟然还要竭力为君主效劳，表明武士的志向刚强。

是勉励不是贬损

原文：九五，休否，大人吉。其亡其亡，系于苞桑。

释义：时世闭塞不通的局面将要停止，德高势隆的大人物可以获得吉祥；居安思危，常常以"不久将要灭亡，不久将要灭亡"，这样的警句来提醒自己，才能像系结在一大片丛生的桑树上那样牢固，安然无事。

释例：我们要想排除阻塞，恢复平和的局面，依然存在着危险。就像刚刚和解的人际关系，千万不要往痛处撒盐。

如果你被引发提起过去不愉快的事，或改头换面地重谈过去已犯的错误——揭人疮疤，会令人很不舒服。除非他又重犯类似的错误，否则，无缘无故的挑刺儿，他就会认为你或者抱有成见，或者别有用心。

要记住你的批评目标：使这方面的工作得以改进，顺利地完成任务。一旦这种错误得到纠正和解决，就忘掉它。一次批评，一次提高。当对方接受批评，取得了一定的进步时，他已经在新的起跑线上了。如果你还没完没了地重提过去的事，你实际上是把他贬低到过去的低水平，不仅有损于他的自尊心，而且让人怀疑你的用意。

总是翻人的老帐，唠叨个没完，完全是愚蠢和无效的。要知道，这不是存款，时间越久，利息越多。犯这种毛病的不限于某人，我们许多人也经常从别人已经过

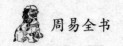

去的错误中翻出些陈帐来，似乎别人永远也还不清这些债。这绝不会有助于他人的进步，相反，很可能产生误解，觉得你是有意贬损他的形象，以此来扩大他身上已经将近洗清的污点。

因此，当你在批评别人时，最好"就事论事"，不要旧帐新帐一起算。比如，在交谈结束时，说一句："我相信你会从中汲取经验教训的。"诸如此类勉励的话，就会让人觉得这不是有意打击，而是变失败为成功之母，不失为一次有益的经验，他会鼓起精神，更加踏实地投入工作。

支付谎言的代价

原文：上九，同人于郊，无悔。

释义：在荒郊也愿与人和睦相处，未遇到志同道合者，也不后悔。

作为一个社会人，我们的视野要宽，不能拘泥自己个人的一个小圈子，对于圈外的人，也要注重和同。其实，你并不需要什么份外的付出，凭一颗真诚的心，处处对人坦诚相待，就足以结交天下英雄。

释例： 在一社会交往中，我们所具有的德性非常重要，有人说：我发现要把事情做大，做人非常重要。在社会上，为人的人品很重要，假如你自己是非常差劲的人，首先你很难做到容纳人；

另外，别人也不会愿意跟随着你。因为你很阴险、很恶心，给人没有安全感，人们自然不愿意跟你相处。

做一个真正、诚实的人，因为这才是最舒服的一种生活方式，也是我们最自然的生活方式。如果你扯谎，你就得付出维护谎言的成本，特别是在 Internet 时代，你谎编得越大，维护谎言的成本就越高，有时还往往被人揭破。其实，最低成本的做人方式就是老老实实地做人。因为大家天天在一起，谁都能看出谁是什么样的人，谁都不傻。因此我们强调无论对谁都不要有谎言，要老老实实做人。"

在荒郊也愿与人和睦相处，未遇到志同道合者，说明此时团结众人，而希望天下大同的愿望没有实现。

以德近人，功成身退

原文：上六，鸣谦，利用行师，证邑国。

释义：谦虚的美德远闻，有利于出兵征讨邻近的小国。

谦虚必须有足够矫人的资本，必须与实际能力相结合，才能名声远播，使更多的人为之折服和倾倒。

释例：华光系统的诞生首先应该归功于王选一系列天才的发明和创造。没有王选也就没有华光系统，"汉字激光照排之父"的称号是当之无愧的。

然而，王选却说："我是新中国培养起来的科技工作者，离不开这一块热土。在我艰难摸索的过程中和遇到风浪的时候，多亏有一批懂科学的决策者如郭平欣、张淞芝等，和提携后进的长者如周培源、张龙翔等，给了我理解、支持和帮助，使我得以焕发爱国之情和报国之才。我很幸运，赶上改革开放的年代，有了用武之地。照排系统包括硬件、软件、激光、印刷等各个环节，计算机又包括电、磁、机、光、微电子等多种技术，是个巨大的系统工程。它的研制，是打破界限，分工协作，横向联合的结果，是集体智慧的结晶。现在报刊宣传总是突出我，使我感到不安。我们这里有许多同志，做着默默无闻的奉献，没有他们的劳动，也就没有华光和方正系统。我们这里有许多年轻人，承担了重要的工作，我不能掠人之美，剥夺他们的成果。如果哪一天我对自己说，华光和方正是我一个人发明的，那一定是我的脑子糊涂发昏了。而那一天也就是我科学生命结束的开始。"

王选不但这样说，而且这样做了，为了培养年轻人，他毅然退居二线，功成身退，甘为人梯。一大批中年教师在他的感召下，组成了一个优秀的群体。他们在经济腾飞的大潮中，都能坚守岗位，承担着难见名利、又苦又累、需要持久工作的大型科研项目。一个王选带动了千万个王选。

以谦虚的美名远扬四方，以出师征讨惩处不可一世的人。这诏示我们，有了虚怀若谷的谦虚之德，我们在工作中、生活和学习中，还有什么不能征服的困难呢。

洞察端倪，慎重修复

原文：九三，干父之蛊，小有悔，无大咎。

释义：要挽救父辈败坏了的基业，其间必发生失误，因而会产生懊悔，但不会有大的危害。

释例：有时候，你不要忽视朋友的几句牢骚和气话，如果能马上捕捉住，这往往是一些你最需要、最真实的情况，能帮助你发现被一些表面现象所掩盖的不足，从而使你能够迅速给以矫正。

也会有一些巧嘴多舌的人，会经常跑到你的面前来，故做神秘地给你透露一些小道消息。

你且不要信以为真，因为你不知道这消息里究竟掺了多少水分，更不知道他是出于什么目的来告诉你这些小道消息。

对于这些向你报告小道消息的朋友，你也不必有讨厌之意，甚至声色俱厉。假如对方是出于好意，岂不伤了对方的自尊心吗？你要和颜悦色地感谢对方所给予的信息。但也要善意的提醒对方，请对方把信息的正确性再确实一下，然后再告诉你。你要让对方明白，提供一些确凿的信息会更好一些。

你不能总是以命令的方式，将几位朋友叫到你的跟前来，以生硬的语气，让他们给你提出意见，提出看法。这往往会形成场面的紧张化，收不到预期的效果。制造一种宽松的气氛，鼓励大家积极发言，以目光、表情来传达你对大家的信任，相信大家是会畅所欲言的。

即便是你遇到了什么突如其来的难题，也不要风风火火地把朋友找来，神色急切地向他们寻找对策。因为你慌张到这种地步，朋友哪里还敢提出什么对策呢？就算是有万全之策，你这副样子，也容易把朋友已有的对策压在肚里，不敢道出。因为万一事情有什么闪失，他们怕担不起责任，反而会受到你的怪罪。

没有信息的沟通是不行的。大家对你好坏的评价，如果你一无所知，那么你也就不知道自己在朋友心目中的地位，是在上升，还是在下降；是交口称赞，还是不得人心。

你对自己缺乏正确的认识，以至走进了泥潭却还未发觉，只会越陷越深，不能自拔了。你要能够广泛的接触朋友，了解情况，洞察端倪，这样才能做到胸有成竹、运筹帷幄，在不利的事物出现之前就先期加以预

防，将损失减少到最小。朋友如果出现了不满情绪，你也可以早早做说服工作，以免出现不良势态。

我行我素，独断专行，只能使自己的路越走越窄。朋友如果发觉你是一位霸道的人，听不得意见和建议，抵触情绪就会滋生发展。

挽救父辈败坏了的基业，最终不会有祸害。意及对已经陷入困境的社交行为，要慎重修复，就不会落入无助的境况。

甜言蜜语，心存忧惧

原文：甘临，无攸利。既忧之，无咎。

释义：以花言巧语莅临为政，不会有所好处。既然已经自我反省而改过，也就不会有灾祸了。

释例：许多人在社会上，只会千方百计希望有人提拔他，却忽略了打好自己的基础。因此，即使平步青云，一旦上司稍放松，或上司本身崩溃，便立即跌跤气馁，再也无法振作。

聪明的人欲求上进，除了力求充实学识外，更应随时培植地位比他低的人才，努力将他训练成有用的人，使自己日后可以得到他的一臂之助。

地位高的人往往是最知道如何借重别人力量的人。当他遇到困难，非自己能够解决时，就知道如何获得别人的援助，他自己决不做过于繁重的工作，知道分工合作，他只做那些别人不会做的事。

我们平日接触的人，大致可以分为两种，一种是地位比我们低的人，或在许多事情上，必须听从我们的命令。另一种是地位比我们高的人，许多事情必须听从他的指示。通常社会上多数人最容易犯的毛病，就是眼睛永远望着天。

你能够得到下属真心的帮助吗？他们愿意为你效力吗？你的同事肯协助你吗？他们代你操劳时是否心甘情愿？是否看见你有困难时便自动帮你？假使真能这样，那么你已经走在成功的道路上了。因为惟有能够获得外界自动援助的人，才有达到领袖地位的希望。

反之，别人不愿接近你，怕你要求他们帮助。当你向人请求时，他们便寻觅种种借口拒绝，那你非立即改变待人接物的方法不可。切勿施用压力强迫别人工作，应该运用巧妙的方法，使他们自愿为你工作。

一个专喜欢依仗自己权势和地位而发号施令，强逼

他人做事的人，并不是一个真正的有方法的人。

新部落——沉默的群体

原文：窥观，利女贞。

释义：在暗中偷偷地观仰美盛景物，利于女子坚守中正之道。

释例：在社会交往活动中，我们要追求一中光明磊落、不偏不倚的处世风格。例如我们的职场的活动就是这样。评价标准在于工作成绩的大小，其它因素则是次要的。一位出色的领导者更着眼于那些坐下来埋头苦干的人，而不应为一些无谓的叫嚷抱怨所蒙蔽。

每一组织都需要一些幕后英雄，他们了解他们自己的工作，并且不求引人注目而能默默地工作，他们值得信任。但通常情况下，这些幕后英雄的功劳常常被那些制造事端、夸夸其谈者所代替。这样领导者变成了调解员，专门注意那些叫得最响的人，并帮助他们解决问题，这样使得他们越发放肆。领导者自己也没有时间去注意那些优秀的工作者，从而忽视了他们。

大多数人并不在意自己所付出的辛勤劳动，但他们确实在乎自己付出的努力是否得到承认。

如果他们努力一番却无人所知，这会使他们感到被人利用，遭受剥削，因而灰心丧气。当这种情形发生时，他们就只得采取不再卖力或进行一些消极怠工的活动以示反抗。

以人为镜，可以正身

原文：观我生，进退。

释义：观仰阳刚美德从而对照省察自己心灵和行为，谨慎小心地决定自己的进退之举。

释例：现今社会是个多元化的有机体，人们的价值观念、人生理想、生活信条丰盈驳杂。我们除了做到"四真"外，把如此形形色色的人们团结起来，尤其是有才华学识者，使他们拧成一股绳，着实不容易。

那么，怎样才能团结好自己周边的人呢？当然因人而异。古人在这方面为我们提供了不少有益的智慧和经验。

西汉末年，当光武帝展开地图，观看他率领将士浴血奋战，平定的全国混乱局面，总结平乱的战绩时，他

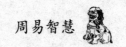

周易智慧

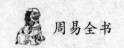

不禁茫然，便对幕僚邓禹道："天下如此辽阔，如今我才平定了一些小郡，要到那年那月，才能使全国安定下来呀？我真是没有把握呀！"

邓禹回答说："的确，现今天下群雄兴起，战乱不息，前景不测。但是万众都盼望着明君的出现。自古以来，兴亡都在于仁德的厚薄，而不在于土地的多少。只要您不灰心丧气，一心一意积王者之德，最终天下一定会归于统一的。"

刘秀信其言。半月余，他率领将士击败了称作"铜马"的农民军。对那些愿意归降的将士，他非但不治罪，反而维持原职，让他们参加刘军继续作战。对其统领们他还一一封侯，并下了一道命令，投降军队不予整编，维持原编制，各叛军将领仍复原位，带领原部下参战，本部不作干涉。刘秀这样对叛军恩宠有加，以致使他们都不敢相信，心中不免充满疑惑及不安。但刘秀为了观察实际反应，经常一个人单骑巡视各营地，若有人此时想行刺的话，那可是件唾手可得的事情。然而，众叛军将士见刘秀如此诚恳，便产生了景仰之心，都异口同声地说："刘秀能推赤心置人腹中，诚恳待人，不怀疑我们，真乃是一位度量宏大的宽仁长者！以前我们以

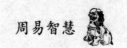

小人之心度君子之腹，怀疑他居心叵测，回想起来实感惭愧。为报君主的知遇之恩，上刀山、下火海我们在所不辞！"

从此后，这些降将跟随刘秀南征北战，披荆斩棘，赴汤蹈火，为最终平定天下混乱，建立东汉王朝，立下了汗马功劳。

刘秀诚恳待人，以君子之心度他人之腹，以温和且实用的态度感化部下，笼络人心，壮大自己，真是一位贤明豁达的领导者风范。

只要我们能从尊重人格、尊重个性的角度多下功夫，就能和我们身边的人搞好团结。

三人同行必损一人

原文：一人行，三则疑也。

释义：三人同行必损一人。

释例：中国人恐怕都知道："三人同行，必有我师。"

那是孔子的话语。他教导人要虚心，要善于向别人

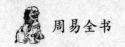

学习。无论别人出生何处，地位差别有多大，只要有三个人在一起，就该有一个是你的老师，在某些方面比你有学问。孔子这话没有错，所以成了千古名言，并成为了中华子孙历代修身之训示。

但孔子说这话的时候，还没有读过《周易》，孔子是五十岁的时候，经人推荐才读到《周易》。他一发现《周易》，就爱不释手，连读三遍，以至"纬编三绝"，把竹简的麻编都翻断了。

但《周易》里有一个重要的观点，是"一人独行，必得一伴；三人同行，必损一人"。

这样伟大的道理，为什么不与孔子的名言一起传达于世，成为有口皆碑呢？我曾经思虑这个问题。也许是中国人的忌讳，中国人说话做事，喜欢拣好的，不好的省略不说了。

可是，《周易》里的这个思想，对人的一生却有决定意义的影响。知道了，可以趋利避害。

《周易》说："一人独行，必得一人。"当你一个人前进的时候，未免孤独，感到势单力薄，在这种状况之下，你一定很渴望有一个伴，有一个好帮手。诚之所至，你会很容易就能找到一个伴。一是因为你急需，二

28

是在那种心态中，你不可能太挑剔，容易和同。

但等到有三个人一齐前进的时候，就很容易伤害一个。三个人相处，要"等边三角形"，才没有相互伤害。但人事纷繁，日月冗长，你怎么能时时刻刻注意到，并且安排妥贴呢？如果你有一时一刻的疏忽，就会与其中一个亲近，而疏远了另一个。这就造成伤害，是损。而且是损人不利己。

所以说，交友也应该像找夫妻一样，配对法。"一对一"地存在，而不是三个一圈。你可以有无数对，但不可以有若干个"三人圈"。

纵观我们的社会结构，什么"三人领导小组"，"三人核心"，那都是内耗的根源之一。三个人，不可能一碗水端平，任何两个一方，都是对第三者的伤害。但它有一个最大的优点，是三角稳定性。于谋人谋事说，三个人永远抱不成一团，如果其中两个抱成一团，第三者被冷落，那第三者肯定成为第一个汇报者，或者说"上告者"。三人结构，成为上下的一种稳定性。这是千百年总结出来的经验，也是成功的经验。

就做人修身来说，我们应该避免"三人同行"，但就做事创业来说，也许不可能绝对摒弃"三人同行"。

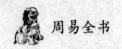

　　无论怎样，在日常行为上，谨慎，戒惧，是需要的。要时时刻刻体会别人的心情，不应当伤及同伴。

　　也许有人说，天下闻名的"刘关张桃园三结义"不就是三个人吗？是。但那是历史的故事，多少有了一些传奇的色彩。再者，三个人假如好到不分彼此，谦让和宽容，甚至宽恕，那它在意义上已经变了，变成了一个人，而不是三个人了。正如毛泽东所号召的："军民团结如一人，试看天下谁能敌。"天下军民有多少呵，但如果真的团结成为一个人，那么这个人力量就巨大无比了。

　　三人同行，必损一人。这是定势。

　　但我们可以把这个定势减少到最小，甚至为零。减少的方法，就是《周易》里所强调的：一是自己在行为上，应当谨慎，戒惧，心中万万不可以大意；二是心要宽，能容朋友难容之事，能容别人难容之事，谦让、宽容和宽恕。

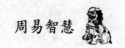

清醒是一种自觉

原文：困于石，据于蒺藜，入于其宫，不见其妻。凶。

释义：一个人要做到清醒，必须有一种自觉。如果没有自觉，是不可能做到清醒的。清醒，不能只靠警示。

释例：中国的交通警示，"宁停三分，不抢一秒"，"急转弯，危险"！在道路上该警示的地方，都警示了，交通事故就是不断。我们把这些归咎于司机的麻痹。但有趣的是，欧洲有一个交通案例，与我们中国的一样，可他们采取了另外的措施，事故就没有了。

欧洲的阿尔卑斯山，有一处山路，急转弯。汽车到此，很多坠落崖谷。当局在那里立了警示牌，但没有用。依然是许多的车连人，投胎似的栽下去。后来，有人画了一幅画，立在转弯的地方，上写："慢慢地走呵，请欣赏！"从此，那个地方再也没有出现交通事故。

报纸上没有说那幅画的内容，我估计一定是很吸引

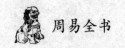

人的，让你自觉地把车速慢下来。

车之所以能慢下来，是因为画，因为他要欣赏，车慢了下来，那是一种自觉，是没有别人强迫他的。自觉造成了清醒。

自觉，这个词来源于佛教。自己觉悟，觉悟是靠感觉，不是靠提醒。心里清楚，就忘不了。

六朝时候，有一个张翰，做官做得很好。但就是不拘小节，尤其贪杯，许多人为他惋惜，议论他说："此人为了一杯酒，也不为自己的身后留名想一想。"有人把这话转告他，他回答人家说："身后浮名，不如眼前一杯酒。"

明朝的陆树声在《长水日抄》中还记述有张翰的故事，说秋风起，张翰想起吴中的莼菜鲈鱼，幡然悔悟说："人生贵适志，怎么能为一个官名，而被羁在千里之外呢？"他吃不到鲈鱼，甚感遗憾。

这个张翰，之所以流芳千古，是因为他对人人皆向往的"为官"有一种清醒。由于自觉的清醒，所以常常有一些别人看来是荒唐的行为。

清醒，才能变成一种自觉的行为。

《周易》里重要的一个原则，是教导人们时刻保持清醒。这种清醒，是心智的清醒。

比方说，月亮圆了，就开始不圆。日正中天是好事，但日正中天过后就会西斜，以至日落西山。它告诫人们，当你最好的时候，也许麻烦就跟着来了。你要早有思想准备。

当你幼弱的时候，你要等待时机，不要轻举妄动。

当事情有了阻隔，有了梗塞，你就要绞碎它，然后才能顺畅。如果在阻梗的时候，你一意孤行，就会"有悔"。

《周易》的《序卦》里有一句是解释困卦的，可以说是振聋发聩。我们一般人想象，困难一般是外在的因素所形成的。但《序卦》里说："升而不已，必困，故受之以困。"困难，其实是我们心中不清醒，才会造成的。人生不断地走，不断地前进，而没有警惕，没有回顾，所以就会有困难。

人，要做到事事清醒，必须心中时刻戒惧，不可掉以轻心。这种戒惧与反省，来自一种自觉，如果能这样，你就是一个清醒之人了。

此文到上面的那一句话，已经结束。因为那一句已经是结句。但睡了一夜，决定再添上一个反常时期的

"清醒故事"，这样，算是对读者有一个完整的说法。

在《禅说》里有一个"丹霞烧佛"的故事。丹霞有一次住在慧林寺，因为天很冷无法忍受，而把寺内的佛像拿来烧火取暖。另一个和尚看见，斥责他："你真大胆，竟敢烧佛像！"丹霞说："我想看看佛像里能不能烧出舍利子

……"另一个和尚说："木佛怎么能烧出舍利子?"丹霞说："既然烧不出，这两尊也拿来烧了吧!"

后来人说，道人无心，何过之有？不要抱泥于形式，率真的依本性去做即无过错。

后人还说，只有丹霞可以这样做，后来者如果学丹霞，就是对佛的冒犯了。因为只有丹霞是此情此景，是依着本性。学的就不是了。

清醒至关重要。如果不清醒，往往会丧失一生的幸福。

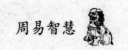

第三篇　处世智慧

人们想求得事业的成功，必须有勇有谋，既靠勇往直前的胆识，尤需深谋远虑的机智。有勇无谋难免莽撞，有谋无勇无异空论。人生价值的完满实现，凭机巧权术是不行的，端赖善于临机应变的智慧。

人们的智慧，主要来自社会实践经验，也离不开前人累积的书本知识。实践经验缺乏的人，汲取书本知识尤为重要。人们的智慧，有赖思维能力的创发，恩格斯说得好：人的思维"必须加以发展和锻炼，而为了进行这种锻炼，除了学习以往的哲学，直到现在没有别的手段"（《马克思恩格斯选集》卷三，第 465 页）。学习《周易》正是锻炼思维的良好途径。对此，唐初名臣虞世南体会最为深刻。

虞世南（公元 558—638 年）乃唐太宗的重臣，弘

文馆学士，博学多才，善于谋略。史载"太宗重其博识，每机务之隙，引之谈论，共观经史"。唐太宗将他引为心腹，对他评价甚高："虞世南于我犹一体也。拾遗补缺，无日暂忘，实当代名臣，人伦准的。"（《旧唐书》卷七十二，《虞世南传》）虞世南是位深通易理的政治家，他根据自己的体会，和历代将相成功的经验，总结出一句名言："不知《易》，不可为将相。"对《周易》的思想文化价值评价极高。此话出自一位名臣之口，确有千钧之力，一字值千金。

作为"五经"之首的《周易》，乃儒门定国安邦的宝贵经典。它哺育了中国历史上一代又一代明君忠臣，良将贤相。难怪封建时代各级科举考试都将其列为必试内容。此书采取符号系统和文字系统紧密结合、相互诱导的方式，总结先秦时期百家争鸣的思维成果，凝练而成具有永恒魅力的传世文本，实为中华民族精湛智慧的结晶。数千年来，志士仁人无不从中汲取智慧的清泉。

《周易》一书博大精深，无论从何种角度研习它，都可望获得新的思想启迪。庞钰龙先生研《易》多年，力图从处世创业如何取得成功的视角，从中汲取智慧，多有弋获。他采取引史证《易》、援《易》诠史的章法，博取古今中外的生动事例，对《周易》智慧作多方位的阐发，无论《庄子》《列子》的寓言，东周列国的故事，还是正史列传，野史遗闻，他都信手拈来，例证天成，义明理透，妙趣横生。平实无华的叙述，画龙点睛的评说，娓娓动人，令人爱不释手。谈古论今话《周易》，有哲理，有故事，有人生经验，也有千古笑谈，所阐述的易学思想，涉及政治、军事、经济、外交，方方面，面。言简意赅，予人留下深刻印象。诸如《周易》阐明的：崇德广业的创业精神，保合太和的处世之道；与民同患的民本思想，居安思危的忧患意识；刚健笃实的实干精神，唯变所适的变革思想；临机应变的策略主张，处变不惊的沉着意志；万众一心的团结精神，一致百虑的宽容态度；自强不息的奋斗精神，艰苦卓绝的坚定信念，等等。莓项《周易》原理，引述一二例证；每个寓言、故事，说明一条人生哲理，启发心智，催人奋进。药王孙思邈曾语重心长地告诫医家说："不知《易》，不足以言太医。"借此推而广之：不知《易》，不足以立身处世。

古人言："不读易不可为将相"。在皇家"永乐大

典"、"四库全书"的编列中易经均居首位,这是将易学视作何等重要啊。那么易经是什么?占卜者说它是占筮书,气象学家说它是天文气象书,农人说它是农事书,历史学者说它是历史哲学书,而文学思想家说它是一部文字优美结构严谨的人文书。真是众说纷纷,各言其是。

易经是一部无字天书。易是先民的一种科学,一种符号逻辑,它阐释了宇宙生命、个人生命的作用,是叙述人类太阳系统的宇宙中,日、月运行的一个大法则。易经被称为群经之首,宇宙代数学,智慧中的智慧,包括了科学、哲学、宗教,一切都函蓄了。对中国的哲学、史学、文学、艺术、伦理、宗教以及天文、历史、数学、医学、气功等发展产生了重大影响,在中国和世界文化史上享有极高地位。易经说的是宇宙社会、人事最高的道理,"变"是最普通最平凡的道理,历史上人们一直用它来安邦治国指导人生和事业。

易学是中国文化源头和传统主流文化。从伏羲到黄帝再到文王以及孔子以来两千多年的文化传承中,易学直接地反映出了中华民族文化的一脉相承,成为中华民族上下五千年生生不息的精神象征。

　　本篇正是从易学这一人文精神的源头出发，揭示易学对人们思维方式和处世方式的影响，分析了易学对"修身、齐家"的理想人格潜移默化的重要作用等，在这些方面进行了科学地深入地探索。

　　它以一种令人感到惊异的冷峻客观态度极深刻地描述了人生处世经验，为读者提供了战胜生活中的尴尬、困顿与邪恶的种种神机妙策。通过多姿多彩的人生箴言，人们不仅获得克服生活中可能出现的逆境的良方，更重要的是增强了对生活的理解和洞察力。本篇在一定程度上兼有坦率和内敛双重品位，它一方面使我们叹服其机智与完美的审慎态度，另一方面又使我们产生向善的心理。它的一些说法，一旦映入我们的眼帘，就会使我们终生不忘。

　　文明给人类带来了物质上的进步，人类的智力也随之发展到了更高的能阶，但是，不幸的是，恶也会水涨船高地发展成为一种更狡诈的力量。这无疑极大地增加了善战胜恶的困难。然而，人类就没有得救的希望了么？不！我们正是试图以揭破恶的这种种巧妙伪装并施以适当打击的办法来保障普通人的生活。透过易理，我们感到，生活并不像某些悲观主义者所断言的那样没有

任何希望，实际上，只要人们学会了某些必要的生活技巧，就有可能为自己找到战胜困难与邪恶办法，从而走上幸福的道路。

发展社会主义文化，必须继承和发扬一切优秀的文化，必须充分体现时代精神和创造精神，必须具有发展的眼光，增强感召力。人类社会创造的一切先进文明成果，我们都要积极继承和发扬。我国几千年历史留下了丰富的文化遗产，我们应该取其精华、去其糟粕，结合时代精神加以继承和发展，做到古为今用。同时必须结合新的实践和时代要求，结合人民群众精神文化生活的需要，积极进行文化创新，努力繁荣先进文化。我们真诚地希望读者能从中体验到更多的生活的智慧，获得人生更多的快慰。

人生要尽力争取到好位置

原文： 是故列贵贱者存乎位。

释义： "列贵贱者存乎位"，人生的高贵与下贱，在于"位置"的问题，到了某一个位置就"贵"，没有到某一位置就"贱"。我们到庙里去看神像，就有很大的

40

感想，也可以懂得这个道理。

释例：一堆泥巴，或一块石头，一根木头，雕成菩萨像，成了"像"，然后在大庙里一摆，人人都去跪拜。他为什么那么贵？"存乎位"，在那个位置就贵了，很多事情都是如此，人也是如此。

看历史尤其如此，历代以来，有多少和诸葛亮一样有学问的人！如果没有像《三国演义》这样的小说，诸葛亮能够出名吗？孙悟空根本就没这样一个人，可是被小说一写，就如此走运。天下的事，对于名与利，把这个哲理一看通，就觉得没有什么，就淡泊了，非其时也就能居而安之，心安理得。

中国人的古语"福至心灵"很有道理。一个人到了某一位置——福气来了，头脑真是灵光，特别聪明。

很好的东西，很了不起的人才，如果不逢其时，一切都没有用。同样的道理，一件东西，很坏的也好，很好的也好，如果适得其时，看来是一件很坏的东西，也会有它很大的价值。

居家就可以知道，像一枚生了锈又弯曲了的铁钉，我们把它夹直，储放在一边，有一天当台风过境半枚铁钉都没有的时候，结果这枚坏铁钉就会发生大作用，因

为它得其"时"。

还有就是得其"位"，如某件东西很名贵，可是放在某一场合便毫无用处，假使把一个美玉的花瓶，放在厕所里，这个位置便不太对，所以"时"、"位"最重要，时位恰当，就是得其时、得其位，一切都没有问题。

相反的，如果不得其时、不得其位，那一定不行，我们在这里看中国文化的哲学，老子对孔子说："君子乘时则驾，不得其时，则蓬莱以行。"机会给你了，你就可以作为一番，时间不属于你，就规规矩矩少吹牛。

孟子也说："穷则独善其身，达则兼济天下。"这也是时位的问题，时位不属于你的，就在那里不要动了，时位属于你则去行事。

《周易》认为，人也是物体，是有生命的物体而已。所以，人也有最佳的方位。

这样的话，人就面临着方位的选择与调整。你适合在水边还是多山的地方居住；是在南方适合你的发展还是在北方适合你的发展，这就成了你关注的问题。就像《淮南子》里说的，同样是橘，移到江北和栽在江南，就不一样。

位置的选择与重要，《周易》的每一卦都几乎说到。

假如说，一个爻（就好比一个人）处在不正不中的位置，它的结果肯定不好。这在《周易》当中俯首皆拾。

比如恒卦，它下面的三个爻，分别叫初六，九二和九三。《周易》在分析这三个爻时，全部人格化。说初六是阴爻，顶头有一个九四，阴阳相吸，处在最下方的六二，当然想一心上进，去与上面九四会合。但中间隔着两个爻——九二和九三，在这样的情况下，如果初六不顾一切往上，强求与九四合作，即使动机正确，用心纯正，也有凶险，前进不会有利。

这一爻的"象"说：初六在开始的位置，开始就要深入，所以凶险。

求变是对的，无可厚非。但凡事都要循序渐进，心太急，不顾一切地追求，会有凶险发生。

相反，九二本身是阳爻，处在一个阴爻的位置上，属于位置不当，或者说不正，本来是要后悔的。但由于三个爻，它处在中间，又不急于求动求变，所以后悔就消除了。

这说明中庸的原则很重要。要变，也要不偏不倚，

要中正。

九三，是阳爻又处在阳位，位置正当，本来没有什么后悔的。正因为它正当，又正位，所以有恃无恐，过于刚强，而且与上面最高位的阴爻又相应（如果与人事比拟，上头有赏识他的人），这样，它一心上进，不安于原有的位置，不能坚守固有的道德（有点像现在的"跑官"），也许会因此而蒙受羞辱。即使你的动机纯正，也难免耻辱。

这说明在求变之中，要坚持"自立立人"的大原则。不可出卖自己，不可出卖道德。

《论语》的"子路篇"中，记载着孔子的论述："不恒其德，或承之羞。"当是由此引用。

不坚守道德，就得承受羞辱。

生活既然是一个变量，那我们就有不可预测的人生。

变，在你不经意之中。

古人说，树挪死，人挪活。

人不可能吊死在一棵树上。这是人在不如意的时候常说的一句话。但人如果如意的时候，绝对不说。人有惰性，主动求变的，不会很多的。只有当不变不行了，

44

才变，这样的人多之又多。

但人不可能是一只旅行袋，那样会累。所以，祖先经过千辛万苦，才把家的模式找到了，固定下来。《周易》的（序卦）解释家人卦时说："伤于外者，必返其家，故受之以家人。".

家，是人们栖息的地方，是舐治伤口的地方。

但如果一个人，永远呆在家中，没有走出家门，他永远是小孩。人的成熟，是在路途中，而不是在家里。

只有用自己的脚板，才能丈量出世界的大小，测出人心的冷暖。

变中求静。静中求变。

不变也得变。

变是常数。我们时时刻刻都要面对着变。

所以，我们有眼睛，有手，有脚，还有心。

眼睛，手，脚，和心，还有一个看不见的意志，都是造物主赐给人类应付变化的。

所以，做人做事就是要努力给自己创造好时机，争取到好位子，也就是能让自己发挥才能的位子，大干一番事业，自然能大富大贵。

"我该从事什么样的工作？""哪个行业适合我？"

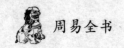

每个走向职场的人都将面临这样的困惑。俗话说"女怕嫁错郎，男怕入错行"。其实在现代的职场中，无论男女，都怕入错行。如何充分发挥自身的优势，实现人生价值，已成为每位求职者关注的重大问题。

选择职业时应首先考虑到个人发展与价值体现。在显示自己个人价值和追求物质待遇时，一定要学会摆脱"就业挣钱，养家糊口"等狭隘观念的束缚，在社会、市场需要的坐标中寻找自己的位置。选择适当的职业有利于个人潜力、精力的充分发挥，能够实现个人的自身价值。？

每一个人，都有其优势，有其缺陷，有其长处，有其短处，一个人，如果不能清楚地认识自己，选行业时不知道自己生性活动不适合坐下来研究东西却选了研究部门，创事业时不知道自己更适合当歌星而选择搞企业，能充分发挥自己的极至吗？

因此，认识自己很重要。要做真正的聪明人，要想发挥自己的极至，除了环境，更重要的是认识你自己。

古刹里新来了一个小和尚，他积极主动地去见方丈，殷勤诚恳地说："我新来乍到，先干些什么呢？请前辈支使和指教。"

方丈微微一笑，对小和尚说："你先认识、熟悉一下寺里的众僧吧。"

第二天。小和尚又来见方丈，殷勤诚恳地说："寺里的众僧我都认识了，下边该干什么了？"

方丈微微一笑，洞明睿犀地说："肯定还有遗漏，接着去了解、去认识吧。"

三天过后，小和尚再次来见老方丈，满有把握地说："寺里的所有僧侣我都认识了，我想有事做。"

方丈微微一笑，因势利导地说："还有一人，你没认识，而且，这个人对你特别重要。"

小和尚满腹狐疑地走出方丈的禅房，一个人一个人地询问着、一间屋一间屋地寻找着。在阳光里、在月光下，他一遍遍地琢磨、一遍遍地寻思着。

不知过了多少天，一头雾水的小和尚，在一口水井里忽然看到自己的身影，他豁然顿悟了，赶忙跑去见老方丈……

真正地认识你自己，有没有正确地给自己"定个"合适的、能发挥你的极至的"位"。没有什么好专业，也没有什么好"门"，如果能发挥你的极至，坏专业坏门也会变成好门好专业，如果不能发挥你的极至，入对

好专业好门，你也只能是个"阿混"。多少人哀叹"生不逢时"，哀叹"英雄无用武之地"，哀叹"入错门""选错郎"，为何哀叹，只因你不能认识你自己。

在人生多向的路口中，用自己的心去择一条能令自己开心的路，然后努力耕耘，必有收获；路已择定，各有自身的优势，真的不必去理会别人的冷眼或喝彩。自己尽力而为，唱好属于自己的节奏，不同的路也就"殊途同归"，获得完全一样的掌声！

不饶舌，言行必果

原文： 咸其、辅、颊舌。

释义： 感应出现在牙床、面颊、舌头上。

释例： 对交往群体的赞赏和恩惠仅停留在口头上，而不付之行动的人是搞不好人际关系。

当上司不在身边，优秀经理会自行承担职责，尔后再向上级解释："我不得不批准那小伙子到澳大利亚出差，他必须得在星期五出发，而你要星期一才回来。"

你会发现一个优秀经理决不会滥用职权。事实上，正是由于他审慎地、恰如其份地使用职权，他才在部下的心目中具有权威。人们知道他的职权范围，看不到他玩弄权术，或明明没有却假装有权。人们也不会发现他经常不断地把上级挂在嘴上："好吧，我会去找老板，请他批准。"

清理一下你的职权范围。首先与上司谈谈，在哪些地方你觉得多给点权力更好些。然后考虑一下你分派给下属的权力。假如你觉得需要更多的权力来做好你的那份工作，那么你也应该设身处地地想到，这对你的下属来说也是一样的。因此，按你的主张去做：如果你要你的上司给你更多权力，你也必须给你部下更多的权力。你应当言行一致。

人生而平等，结果则迥异

原文：齐小大者存乎卦。

释义："齐小大者存乎卦"，卦就是现象，也就是大的现象、小的现象。现象有大小，一个人的成功失败也有大小。有如发财，甲发得多，乙发得少，这有大小，但立脚点是平等的，不管大小卦都是卦，都是一个现象。

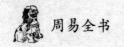

释例:: 庄子的书中有《齐物论》，何以名"齐物"？万物不能齐，没有平的。人的智能、学问、体能都是不平等的。即使有两人体能一样，其中一人生病了，另一人为了平等也生病吗？物是不能齐的，但是庄子提出来有一项是齐的——本体的平等。如太空是平等的，太空中万物的现象是不平等的。

所以庄子有一句话很妙，他说"吹万不同"。孔子研究《周易》讲究"玩"，庄子讲究"吹"。吹万即万有。他以风来比方，他说大风吹起来，碰到各种的阻力发出各种不同的声音，意思是说，风吹来是平等地吹，而万象遇到风以后，自己发出的声音不同。

世事变幻无常，人生有旦夕祸福……每个人都有权利去追求自己的幸福，但人生的结局往往令到我们出乎意料与想象之外！有的人劳碌平凡一世，有的人经历大起大落，倾家荡产，有的人平步青云，富贵荣华一生；有的人为情所困，终生痛苦，甚至有些人不甚忍受失败，走上自毁道路……命运是否真的这么不公平？

"生，使我们站在同一起跑线上；死，使卓越的人露出头角。"

不禁想起拉萨尔的一段话：你不能在水杯中掀起风

景，风景喜爱宽广的平原，在那里它才可以猛烈的呼啸。结局的不同，是源于你年轻时的目标确定与否。

比如，先知大卫王，他曾写道："人心中所想的，便能成为那样"；又如爱默生的心智："伟人便是那些领悟出思想能统治世界的人"；譬如失乐园作者密尔顿的心智："心智所在之处，它本身便能化天堂为地狱，化地狱为天堂"；还有莎士比亚那惊人而具感受性的心智，他观察到："事物本无好坏，除非思想从中作怪！"安徒生说：一个年轻的时代是一个奋斗的时代，一个拼搏的时代。

有一年，一群意气风发的天之骄子从美国哈佛大学毕业了，他们即将走向社会。他们的智力、学历、环境条件都相差无几。在临出校门前，哈佛对他们进行了一次关于人生目标的调查。结果是这样的：27%的人没有目标；60%的人目标模糊；10%的人有清晰但比较短期的目标；3%的人有清晰而长远的目标。

25年后，哈佛再次对这群学生进行了跟踪调查。结果又是这样的：

3%的人，25年间他们朝着一个方向不懈努力，几乎都成为社会各界的成功人士，其中不乏行业领袖、社

会精英。

10%的人，他们的短期目标不断地实现，成为各个领域中的专业人士，大都生活在社会的中上层。

60%的人，他们安稳地生活与工作，但都没有什么特别成绩，几乎都生活在社会的中下层。

剩下27%的人，他们的生活没有目标，过得很不如意，并且常常在抱怨他人、抱怨社会。

其实，他们结果不同的原因仅仅在于：25年前，他们中的一些人清楚地知道自己的人生目标，而另一些人则不清楚或不很清楚。

也许人生的命运轨迹不易改变，但过程中的感受与所选择的"交通工具"却可以改变。人不同于一般动物之处是人具有高级思维能力，因此人就无法和动物一样浑浑噩噩生活，人的行动必须有目标。而高贵的生活是目标创造的。

目标必须明确，才会为行动指出正确的方向，才会在实现目标的道路上少走弯路。漫无目标，或目标过多，或不切实际，都会阻碍我们前进，最终可能是一事无成。

人生的结局最终是死亡，人生的意义在于死亡的过程，如果忽略那些死亡前的花絮，人生就空空如也。许多人的生活，都没有抱一个目标、理想，只是得过且过，不知到底是为什么生活？这种人只好虚度一生，把一生无意义的度过去罢了。

享乐主义的人，认为人生最高的目的，在于追求快乐，逃避痛苦，但是在此苦海中生活的人类，总是逃不了苦难的。较有大志的人，即抱着"竭尽所能，贡献社会，改造世界，造福人类"之人生观，而以立德、立功、立言为人生之目的。

强烈的成功动机主要靠内部激发。没有激情成不了大事，这里的激情，就是指对成功的渴望，从内心里激发出来的对成功的追求。当你把目标与自己一生的使命相联系时，你会发现人生的每一天都有它确定的意义。所以，明确自己人生的大目标，对把握好目标有直接的促进作用。

遗憾的是，有相当多的人是随波逐流地生活着，他对自己的人生没有任何目标，要么认为时间还长着呢，要么认为"一切自由天安排"。这些对自己的人生没有任何设想的人，是很难激发起平时学习和生活中的动机与激情的。

认识到自己的责任与使命，并愿意为之付出努力，是内部激发成功动机的最直接的方式。无论通过何种方式激发自己的成功动机，有一点是明确的，即这种动机越早激发越好。因为它将引导自己的行为。有道是："凡事预则立，不预则废"，千真万确。对自己做的或将要做的事没有任何准备，就是在为失败做准备。

实际上，学会制订每一阶段的计划，不仅仅是一个学习习惯的培养问题，也是一个对运筹能力的锻炼过程。一份切实可行的学习工作计划，要综合考虑自己的发展水平，充分把握并有效利用自己的作息规律，还有对学习，工作的合理搭配等等。

可以说，一份好的学习工作计划，就是一个小而全的系统工程。它能整合各种学习工作以达到最优，从而大大提高学习工作效率。如果你每天每周的计划都能完成得很好的话，那么你所盼望的成功，实际上是一个水到渠成的结果。

有计划地学习工作，最关键的因素是按计划实施的决心和毅力，它是对个人自觉性和自制力的最大挑战，只有那些经受了这一挑战的人，才有机会获得成功丰厚的馈赠。所以，人生需要策划，人生在于策划。有了科

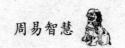

学的策划，人生就有强大的动力，就会产生坚韧不拔的意志。

人生策划是建立在自知、自查的基础上的。了解自己，了解环境，这是成功的法则。在知己知彼以后，需要对自己合理定位。人不是神，有很多不足和缺陷，对自己期望过低、过高都不利于成长。

每个人都有自己的风格，对人生的设计不能强求一致。人生策划，根本在于为自己的发展描绘一个整体的结构。规划好自己，才可能把握住未来。让智能的理想变成现实。精心谋划最适合您个人的美好人生蓝图、瑰丽人生要素。

给奉承者坐"冷板凳"

原文：可贞，无咎。

释义：能够坚守正道，所以没有灾祸。

释例：中国人重视"德"在人格中的关键作用，这无可挑剔。但是，如果把一些非本质性不良行为的东西也"上纲上线"，从而大加鞭挞，那却是错误的。就阿谀奉承而言，这的确是个不良品质，但它并不能导致

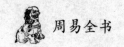

"德"从根本上坏掉。它属于一种个人生活态度的问题，它是人对于世界的认识后所采取的一种自认为迎合需要的行为方式。

我们不能仅依据这一点就将这类人从根本上否定掉，他如果有能力，你照样可以使用。"金无足赤，人无完人"。你得宽容别人的不足，同时尽力帮助他克服不足。

在实际工作中，你应该明确表示自己不是那种喜爱溜须拍马的领导。而如果他们胆敢"以身试法"，那你就与他们"走着瞧"。

对待这种员工同样不能急躁，要耐着性子慢慢来。

如果他这会儿对你大加奉承，即使他这时成绩斐然，你也不必理他，让他静等着。他当然明白是怎么回事，如果他不明白，那你照样别夸他，也别损他，继续让他自己去琢磨。当然他还得坐一段时间"冷板凳"。

而有一日他没有阿谀奉承你，并且有显着成绩，那么，你必须抓住时机，对他赞扬一番。如果他以后还能不断转好，那么委以重托也是理所当然的。

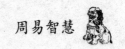

未雨绸缪是良策

原文： 密云不雨。

释义： 做事应该未雨绸缪，居安思危，这样在危险突然降临时，才不至于手忙脚乱。"书到用时方恨少"，平常若不充实学问，临时抱佛脚是来不及的。也有人抱怨没有机会，然而当升迁机会来临时，再叹自己平时没有积蓄足够的学识与能力，以致不能胜任，也只好后悔莫及。

释例： 浓黑的"密云"出现，一般都会下雨。为什么会"密云不雨"呢？这并不是说不下雨，而是说还没下雨，但大雨将至，就要做好应对准备。

未雨绸缪，什么事都早谋划，肯定比临时抱佛脚好得多。

学会避免问题的发生和出现比学会等问题发生后找办法解决更重要。

就象身体健康，注意饮食、休息和心态，和适当地运动可防止生病，如果乱吃、熬夜、放纵身心或缺乏活动，就易得病。要知道大部分疾病是没有特效药的，即

使看医生开药方，也会有很多副作用，甚至后遗症。

夫妻感情同样是要善于经营，避免破裂，一但发生严重问题（离婚），再破镜重圆就可想而知有多难了。

子女教育同样，早期不注意沟通和正确引导，孩子很容易被引诱误入企图，难以自拔。虽有浪子回头金不换，但父母的悔恨担心和对他人的伤害已无法弥补了。

一只野狼卧在草上勤奋地磨牙，狐狸看到了，就对它说："天气这么好，大家在休息娱乐，你也加入我们队伍中吧！"

野狼没有说话，继续磨牙，把它的牙齿磨得又尖又利。狐狸奇怪地问道："森林这么静，猎人和猎狗已经回家了，老虎也不在近处徘徊，又没有任何危险，你何必那么用劲磨牙呢？"

野狼停下来回答说："我磨牙并不是为了娱乐，你想想，如果有一天我被猎人或老虎追逐，到那时，我想磨牙也来不及了。而平时我就把牙磨好，到那时就可以保护自己了。"

做事应该未雨绸缪，居安思危，这样在危险突然降临时，才不至于手忙脚乱。"书到用时方恨少"，平常若不充实学问，临时抱佛脚是来不及的。也有人抱怨没有机会，然而当升迁机会来临时，再叹自己平时没有积蓄足够的学识与能力，以致不能胜任，也只好后悔莫及。

考试临时用功，急难时有人帮忙，能够临时抱佛脚，也算好事，就怕临时没有佛脚可抱，那就凄哉惨也。

晴天准备雨伞，免得下雨时不能外出；白天准备手电筒，以便黑夜可以照亮暗夜行止。如果平时没有准备，临时抱佛脚，必有诸多的不方便。

一个人的身体，平时就要好好的照顾，要运动、要保健，不能让它受寒受暑，因为一旦生病了，不但自己要抱佛脚，还会增加家人、朋友的麻烦。

平时的家居生活，也要时时整理清洁，而且饮食要有时，不要客来扫地，客去倒茶，这都是临时抱佛脚的行为。

《禅林宝训》里有"重门击柝"，说明凡事要有事前的防备，免得出了事情，即使报警，甚至告到法院里，可是财物已经追不回来了。

现代人家里要装一支电话，以备家人在外有急事通知，或者朋友打电话来商量事务；平时家里要预备一些洋钉、铁锤，以备台风来袭之运用。水沟也要经常疏

通，免得堵塞；庭园花草平时要让它水份充足，免得干枯。

有偈云："天下有二难，登天难，求人更难；天下有二苦，黄连苦，贫穷更苦。"如果你平时有所预备，则不管苦也好，难也好，都会降到最低，否则临时抱佛脚，万一没有佛脚可抱，那又怎么办呢？

与人相处，平时要多广结善缘，如此到了急难时刻，你不必抱佛脚，自然也会有因缘来帮助你。佛教叫人平时要念佛，也是为了万一到了紧急时刻，可以有佛脚可抱。平时父母、老师、朋友的叮咛、嘱咐，要我们这样、要我们那样，我们不要嫌其啰嗦，这都是为了怕我们将来没有佛脚可抱。只要我们平时多烧香、多结缘，急难来时，也就不必临时抱佛脚了。

未雨绸缪，就要保持清醒，而清醒是一种自觉。

一个人要做到清醒，必须有一种自觉。如果没有自觉，是不可能做到清醒的。清醒，不能只靠警示。

中国的交通警示，"宁停三分，不抢一秒"，"急转弯，危险"！在道路上该警示的地方，都警示了，交通事故就是不断。我们把这些归咎于司机的麻痹。但有趣的是，欧洲有一个交通案例，与我们中国的一样，可他们采取了另外的措施，事故就没有了。

欧洲的阿尔卑斯山，有一处山路，急转弯。汽车到此，很多坠落崖谷。当局在那里立了警示牌，但没有用。依然是许多的车连人，投胎似的栽下去。后来，有人画了一幅画，立在转弯的地方，上写："慢慢地走呵，请欣赏！"从此，那个地方再也没有出现交通事故。

报纸上没有说那幅画的内容，我估计一定是很吸引人的，让你自觉地把车速慢下来。

车之所以能慢下来，是因为画，因为他要欣赏，车慢了下来，那是一种自觉，是没有别人强迫他的。自觉造成了清醒。

自觉，这个词来源于佛教。自己觉悟，觉悟是靠感觉，不是靠提醒。心里清楚，就忘不了。

六朝时候，有一个张翰，做官做得很好。但就是不拘小节，尤其贪杯，许多人为他惋惜，议论他说："此人为了一杯酒，也不为自己的身后留名想一想。"有人把这话转告他，他回答人家说："身后浮名，不如眼前一杯酒。"

明朝的陆树声在《长水日抄》中还记述有张翰的故

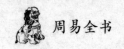

事，说秋风起，张翰想起吴中的莼菜鲈鱼，幡然悔悟说："人生贵适志，怎么能为一个官名，而被羁在千里之外呢？"他吃不到鲈鱼，甚感遗憾。

这个张翰，之所以流芳千古，是因为他对人人皆向往的"为官"有一种清醒。由于自觉的清醒，所以常常有一些别人看来是荒唐的行为。

清醒，才能变成一种自觉的行为。

《周易》里重要的一个原则，是教导人们时刻保持清醒。这种清醒，是心智的清醒。

比方说，月亮圆了，就开始不圆。日正中天是好事，但日正中天过后就会西斜，以至日落西山。它告诫人们，当你最好的时候，也许麻烦就跟着来了。你要早有思想准备。

当你幼弱的时候，你要等待时机，不要轻举妄动。

当事情有了阻隔，有了梗塞，你就要绞碎它，然后才能顺畅。如果在阻梗的时候，你一意孤行，就会"有悔"。

《周易》的《序卦》里有一句是解释困卦的，可以说是振聋发聩。我们一般人想象，困难一般是外在的因素所形成的。但《序卦》里说："升而不已，必困，故受之以困。"困难,其实是我们心中不清醒,才会造成的。人生不断地走,不断地前进,而没有警惕,没有回顾,所以就会有困难。

人,要做到事事清醒,必须心中时刻戒惧,不可掉以轻心。这种戒惧与反省,来自一种自觉,如果能这样,你就是一个清醒之人了。

此文到上面的那一句话,已经结束。因为那一句已经是结句。但睡了一夜,决定再添上一个反常时期的"清醒故事",这样,算是对读者有一个完整的说法。

在《禅说》里有一个"丹霞烧佛"的故事。丹霞有一次住在慧林寺,因为天很冷无法忍受,而把寺内的佛像拿来烧火取暖。另一个和尚看见,斥责他:"你真大胆,竟敢烧佛像!"丹霞说:"我想看看佛像里能不能烧出舍利子……"另一个和尚说:"木佛怎么能烧出舍利子?"丹霞说: "既然烧不出,这两尊也拿来烧了吧!"

后来人说,道人无心,何过之有?不要拘泥于形式,率真的依本性去做即无过错。

后人还说,只有丹霞可以这样做,后来者如果学丹霞,就是对佛的冒犯了。因为只有丹霞是此情此景,是

依着本性。学的就不是了。

清醒至关重要。如果不清醒，往往会丧失一生的幸福。

志向坚定，踏上青云路

原文：执之用黄牛之革，莫之胜说。

释义：像用黄牛的皮捆绑起来那样，谁也难以解脱。

如果瞻前顾后，什么都放不下而失去退避的时机是很危险的。

释例：身居要职的你，或许跟各部门主管十分投契，与秘书们相处融洽，常在公余结伴逛商场看电影。

可是，别忽略了青云路也得要有奠基石。他们就是信差、打字员及人事部的文员，许多时候他们提供的间接帮助，令你有意想不到的收获。

别让"地位悬殊"这一套占据着你的脑袋，心灵沟通压根儿是没有阶层界限的。偶尔跟他们一块儿去吃午饭，听听他们的话题，多了解他们的性格、对公司的看法和对各高级职员的印象吧。由于他们每天均有机会接触到所有同事，自然对他们的认识较全面，这些不正是你所需要知道的吗？

其实你也不必成为他们一分子，因为一旦与他们混得过份熟悉，上司不一定高兴，其它人则会认为唐突，所以最理想是采取中庸之道。

在静时运用第三只眼

原文：是故君子居则观其象而玩其辞。

释义：观其象，这个象，是我们的生活，我们的生命，我们自己个人、身体、家庭、国家、世界天下的关系。平常处在这大环境中，观其象，对这大现象变动的前因后果都知道了，再看文王《周易》中所研究的内容，但并不是说文王怎么说，我们就相信，而是要"玩其辞"，通过他的思想创出自己的思想。

释例：有个在农场工作的农夫，有一天这个农夫打扫完马厩后，赫然发现他老婆送他的怀表不见了。由于这个怀表对他来说十分的珍贵，于是他马上又跑回马厩寻找，找了一段时间几乎把马厩整个都翻遍了，还是没有找到，因此他气馁地走出马厩。

義文圖，出自明·来知德
《易经来注解图》

而这时候，他发现外面正有一群孩童在玩耍，于是他向那群孩童说：假如你们之中有谁能在马厩找出他遗失的怀表，那个人便能得到五毛钱，于是孩童们一窝蜂似的跑进马厩里寻找怀表，经过一段时间，当孩童们走出马厩时，都表示没有找到怀表，此时农夫更加地气馁与失望。

就在这个时候，农夫听到了一个声音：我可以再进去找一次吗？一个孩童对他说，但是农夫觉得大家几乎都把马厩翻遍了，都找不到，怎么可能凭你一个人就找得到呢？

由于没有任何的厉害关系，因此农夫答应了这位孩童，过了不到一会的功夫，当那孩童走出马厩时，他手里拿的正是农夫遗失的怀表，农夫很惊讶地问他，你是怎么办到的，那个小孩回答："我进去之后什么都不做，就只是静静地坐在地上，慢慢地，我听到了滴答滴答的声音，于是循着声音我找到了怀表……

这个故事是否能给你有所警示呢？

当你感觉在生活中陷入了苍白与麻木的时候，请给自己品味生活的时间。要从纷乱的世界中退出去找一个清净的地方，在安宁、沉寂中找寻造物主的声音。只有在这个安宁的地方，我们的心才会恢复清新并坚强起来，勇往直前，充满信心，去迎接人生须经历的各种挑战，也只有从静中，我们才会真正领悟出什么是人生最宝贵的。

有一首诗说的好：

缤纷的世界，让你目不暇接

躁动的感觉，就是拥有一切

有些什么，你还不清晰

只是无力，容忍自己

变幻的世界，让你不敢停歇

唯一的感觉，就是多要一些

多些什么，你都不在意

只是竭力，平衡自己

很久没看见，你灿烂的笑脸

倔强的身影，在艰难地蹒跚

背得再多，你也要飞上蓝天

我只能在心底，嘱咐你说：

多些时间给自己

想征服世界，别迷失自己

多些时间给自己

想拥有世界，先把握自己

取得的世界，让你昂然挺立

难抑的感觉，就是缺少一些

少些什么，你已想不起

不知不觉，少了很多

很久没看见，你纯净的双眼

闪烁的兴奋，也遮不住疲倦

背得再多，你也要飞上蓝天

我只能在心底，嘱咐你说：

多些时间给自己

想征服世界，别迷失自己

多些时间给自己

想拥有世界，先把握自己

得到了世界

占据你梦寐以求的南北

为何得不到

你魂萦梦冀的东西

多些时间给自己

想征服世界，别迷失自己

多些时间给自己

想拥有世界，先把握自己

多些时间给自己

想飞上蓝天，放轻松一点

多点时间给自己

想飞上蓝天，放轻松一点

多些时间给自己

想征服世界，别迷失自己

多些时间给自己

想拥有世界，先把握自己……

　　智能是第三只眼看见的。人出生时有两只眼，读书学习获得知识。知识拥有者可以把知识灌输给别人，但智能是不能灌输的。别人的智能可成为你的知识，不能直接用灌输的方式获得智能。智能是对人生经历的知性

理解和理性感悟。

第三只眼是靠洞察力、直觉、灵感、预测和判断看事物的。与你的两只眼不同，第三眼是别人看不到、摸不着的。但它象一只长尾大头针，头在两眼中间上方额头，尾偏左刺入心房。每人都有第三只眼，只是视力有很大不同。如果你的第三只眼视力很好就能看清事物本质且能预见未来。

由此，可知九四："或跃在渊。"意思是说"或奋发跃起，或退而在渊。可进可退，能进则'跃'，不能进则退。一切待机而动，而不是盲目冲动，浮躁妄动。跃是为了发展，退是为了发展而积极地准备、筹划，创造更为有利的条件和先机。"

急躁妄动，无处容身

原文：不恒其德，或承之羞，贞吝。

释义：不能常久地保持美好的品德，总会不时蒙受他人的羞辱，结果难免产生惋惜。若不能以中正恒久这个道理去处世，就无法达成真正的发现和沟通。

释例：我们在报纸上常常见到重刑犯或死刑犯的悔

过自述，虽然他们犯的罪各不相同，犯罪的方式也各有特点，然而他们犯罪却几乎都有一个共同的原因：由一件不起眼的小事开始了一个罪恶的历程。

小时候爷爷奶奶常用来教导我们的有关小偷的故事：同样也是由不经意的第一次顺手牵羊最终变成难以收手偷盗惯犯；又想到爸爸妈妈为了我们做的不值一提的"坏"事而大骂我一顿甚至暴打一顿，那无非是在告诉我们"坏人都是这样开始的"。

俗语说，苍蝇不叮无缝的蛋。的确，很多时候灾难、祸害、罪恶并非自己撞入你的世

戏举烽火图。选自明·张居正《帝鉴图说》，讲述周幽王为博美女褒姒一笑，举烽火谎报军情，戏弄诸侯，后来犬戎进犯，周幽王再举烽火，而诸假援兵不至，周幽王被杀于骊山之下。

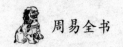

界，而是我们在不断的破坏着我们的窗户，自己将灾难引来，使罪恶附身。正如著名的"破窗户理论"所说："既然是坏的东西，让它更破一些也无妨。"因此，不要轻易打破你生活中的任何一扇窗户！

将两辆外形完全相同的汽车停放在相同的环境里，其中一辆车的引擎盖和车窗都是打开的，另一辆则封闭如常，原样保持不动。打开的那辆车在三天之内被人破坏得面目全非，而另一辆车则完好无损。这时候，实验人员在那辆完好无损的汽车的窗户上打了一个洞，只一天工夫，车上所有的窗户都被人打破，内部的东西也全部丢失。

这就是著名的"破窗户理论"，其结论可以归结为：既然是坏的东西，那让它更破一些也无妨。

对于完美的东西，大家都会不由自主地维护它，舍不得破坏；而对于残缺的东西，有人就会去加大其损坏程度。这是人类的一种心理惯性，我们可以由它联想到自己的生活：让自己的人生干干净净，不要在上面乱扔垃圾，更不要轻易打破你生活中的任何一扇窗户。

打破一扇小小的窗户，尽管怎么看、怎么想都不会让你联系到家庭的破落或人生的末路。这也正是人们往往不在意第一次打破一扇窗户的原因。岂料有了第一次就很难没有第二次，窗户破了，其他破了也没什么了不起，于是窗破屋倒。这个道理宋代的大文学家欧阳修就说过："祸患常积于忽微，智勇多困于所溺。"

千里之堤，溃于蚁穴。一扇破窗，正如一窝蚂蚁一样，早晚会使人生之堤崩溃。过去的人们在失败后找借口，亡国后找替罪羊，常说红颜祸水，现在想想，褒姒之于幽王，妲己之于纣王，恐怕也正如一扇扇破窗一样，所以商亡之后还有周亡。历史上的现在的众多贪官污吏，说到底，都是第一笔赃款，第一桩坏事使他们步入歧途，死后也不得复生。

不要轻易打破你生活中的任何一扇窗户，不要到最后才后悔莫及。生活中可能会充满许多诱惑，众多目眩神迷的事物也在时时吸引着我们。这时，我们千万不能以第一次为借口而走进歪路，最后铸成难以挽回的大错。我们生活中的每一扇窗户，不管是诚信、善良，还是宽容、廉洁，这些你一旦背弃，就会不经意地与它们越走越远，再也无法接近它们。正如人们所说的修好一件东西往往比破坏一件东西要难得多。

不要轻易打破你的任何一扇窗户，否则小偷将在这

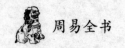

里成型，大盗也将在这里蜕化。

很少有人知道，在通往天堂与地狱的分岔口上，还有我这么一个审判官，每当有人来报到的时候，我总会认真地阅读他们的生平，然后做出批复，告诉他们该向哪儿走。

今天难得空闲，我呷了一口茶，翻看起了以前做的记事簿，几乎每一个被宣判的人都会拥有一段文字，若是平庸些的，就没有评论。

这一页是关于汉斯的，其实他是个中国人，在德国读书，但读完书后他发现自己找不到工作，原因仅是他坐地铁曾逃过三次票，德国人认为他没有诚信，拒绝了他。虽然他有着优异的成绩。那么后来呢？他回了国，找到了一份高薪工作，但因为言而无信最终又被辞退了，潦倒一生。

喔，我在下面写了一面段批语：诚信是金。一次的出卖就是终生痛苦的根源，一旦你背弃了诚信，那么生活也将背离原来的轨道，必需走好人生的每一步，哪怕只是一小步。

看完了，我轻微地叹了一口气，生活中细微的琐事，正是人生的基石。有些时候我们的心理防线很脆弱，一不在意就会失守，或许就是这一次，导致了人生的全线溃败。

风儿起，我又将记事簿往后吹了几页，我将它拿起，是一对双胞胎，他们出生在同一个贫民窟里。他们很小的时候就没有了父母，以乞讨为生。两人生平前半段都是一样的。直到他们遇上了一个贵妇。他们照例乞讨，而当时的贵妇掏出两张大钞，扔到地上，用高跟鞋使劲踩了两下，让他们捡，其中一个缓缓伸过手去，拿了一张，而另一个直起了腰板，瞪了贵妇一眼，头也不回就走了。多年以后，一个还是以乞讨为生，受尽凌辱，而另一个经艰苦奋斗，成就了一番大事业。

我的批语很短：如果当年他没有守住他的尊严，后来也就没有他和他地狱与天堂的差别。

或许每个人心中都有许多珍贵的东西，这些都为我们构筑了一道道的防线。有时生活的浪花袭来，我们对守护的东西产生了疑惑甚至将其忽略，这窗户一旦被打破，那么生活就会把它带走。也可能因为这，个人的命运由此剧变，我们可能会付出惨痛的代价，人生就再也不可能完美。

也许，我该给世俗一点忠告，让他们不再在迷茫的

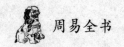

旷野中踟蹰，那么请记住了：要守好心灵的每一道防线，千万不要随便地打破你生活中任何一扇窗户，它会让你身上那些最珍贵的东西而轻易地消逝。

哦，有一个人来了，他又打破了哪一扇窗户呢。

上帝给了我们每个人一颗像玻璃一样脆弱而透明的心，他容不得一点儿纤尘的污染，为了保护他，上帝给了我们很多窗户，可是却把开启窗户的权利给了我们自己。一旦我们轻易地打破了其中任何一扇窗户，那清澈透明的心将容易地变得浑浊阴暗。

我曾经有一个很要好的朋友，他一直彬彬有礼，谦虚待人，大家都很尊敬他，愿意和他做朋友。可是有一次，在一个公众活动中，他由于心情不好很随意地嘲笑台上讲演出错的同学。或许他不曾意识到这是一个可怕的行为，可是，从那以后，几乎所有的人都远离了他，远远地躲着他，谈论到他时大家也一致以"粗鲁"来形容他，他曾经的君子形象在我们心中荡然无存。而他自己，也在同学们鄙夷的目光里渐渐丧失了他的美好秉性，真的变得粗俗而不可理喻了。可怜的人啊，因为打破了理智之窗而丧失了纯净的心，渐渐消褪了他应有的光彩。

　　不久前，在书上看到一篇关于某个残疾青年的报道。他本生活在一个幸福美满的家里，可是在一次飞机坠机事故中致残，从此他的生活陷入了阴霾之中。肉体上一次又一次地摧残，精神上一道又一道的伤痕使当时只有 12 岁的他遍体鳞伤。他曾经想放弃，他一度想消沉下去，可是最终他挺了过来，没有打开任何一扇堕落的窗户。哪怕血染红了被褥，伤痛麻木了他的神经，他也没有轻易打开一扇窗来透透气。他坚持每天锻炼身体，直到他失去知觉的双脚又找回感觉之后，他终于笑了……虽然坠机时的剧烈震荡让他的记忆力消退了，但是他坚持刻苦学习，终于，他的努力没有白废，在他 15 岁的时候，他成了中国第一个被挪威邀请的中国残疾学生。可以说他成功了，让每一个认识他的人倾倒。我想，他之所以能取得成功，完全是因为即使在最艰难困苦的时候他都没有打开任何一扇窗接受别人施舍和怜悯，也始终坚持守护那扇放任的窗户。他是强者，他用坚定的信念保持了他那颗坚强纯净的心。

　　是啊，在我们手中握着许多开启心灵护窗的方法，我们可以轻而易举地打开他，就像我那个朋友一样，可是，那会让我们付出心灵重创的代价。我们只有像那位

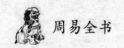

残疾青年一样，坚守住窗户不打开它，才能保护我们脆弱的心灵，而只有完整纯洁的心灵才能得到别人的呵护与关心，才能绽放出钻石一样夺目的光辉。所以，请慎重，不要轻易打开任何一扇保护心灵的窗户。

在行动时要把握形势

原文：时止则止，时行则行，动静不失其时。

释义：人若能做到"动静不失其时"，便能顺应事物发展的规律而"时中"。"时中"即"中"而因其"时"，"时"而得其"中"。得其"中"，所谓经也；因其"时"，所谓权也。有经有权，故能变通。此所谓"变通者，趣时者也"。变通趣时，就能顺天应人。

释例：《周易·系辞传》说："穷则变，变则通，通则久。""变"是《周易》的核心观念之一，所谓"不可为典要，唯变所适"（《周易·系辞传》）。

《周易》强调"变"，有一个基本原则，即"动静不失其时"，"与时偕行"。《周易》特别指出对"时"要有所知。如《贲卦·彖传》说："观乎天文，以察时变。"即仰观日月星辰等天象，可以察知四时、季节变化的规律。如《观卦·象传》说："观天之神道，而四时不忒。"即仰观自然运行的神妙变化，可以理解四时交替之毫无差错的道理。

如《豫卦·象传》说："天地以顺动，故日月不过，而四时不忒。"即天地顺其本然之性而动，所以日月运转而无差失，四时交替而无差错。如《丰卦·象传》说："日中则昃，月盈则食，天地盈虚，与时消息。"即日至中天必将西斜，月至圆满必将亏食，天地自然有盈必有亏，有亏必有盈，它们都是根据一定的时间而消长存亡。

类似的话，《象传》及《系辞》中还很多，这些都是古人经过对天地自然的观察所获得的关于"时"的知识。

《周易》强调对"时"要有所知，而"明时"的目的则在于让人们依时而动，"时止则止，时行则行，动静不失其时"。"时行"就是依时而行。既然一切都在时间之中，谁都无法游离于时间之外，那么要想在时间之流中有所进取，就必须顺时而动。

有学者指出，人与时的关系，"是主体与客体的关系，行为与环境的关系，主观能动性与客观必然性的关

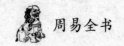

系。顺时而动，必获吉利，逆时而动将导致灾难，主体行为是否正当，并不完全决定于主体行为本身，而主要决定于是否适应环境的需要"因此，"时行"之"时"，还不仅仅是指年、月、日、时，而是与此年、月、日、时相关的及与主体相关的一切因缘的总和。这就是人们通常所谓的"时机"一词的真正涵义。

《周易》之中论到"时行"的地方颇多，如《大有·象传》说："其德刚健而文明，应乎天而时行，是以元亨。""应乎天而时行"，就是顺应天道自然的规律，依时而行。如《随卦·象传》说："天下随时，随时之义大矣哉。""天下随时"，即天下众人顺应时变而相随从。

如《坎卦·象传》说："王公设险，以守其国，险之时用，大矣哉。""险之时用"，指国君王侯因应天时，设险守国，意义非常重大。如《遁卦·象传》说："刚当位而应，与时行也。""与时行也"即随顺时势，及时退避。总之，"时行"，就是叫人不失时机，因应时变，有所作为。

依时而行固然重要，依时而止意义也非常重大。所以《象传》谓之"时止则止，时行则行"。其实，"与时偕行"就包含"时止"之义。

《周易》中有一《艮》卦，专门讨论"止"的问题，其卦辞曰："艮其背，不获其身；行其庭，不见其人。无咎。"《彖传》解释说："艮，止也。时止则止，时行则行；动静不失其时，其道光明。'艮其止'，止其所也。上下敌应，不相与也，是以'不获其身，行其庭，不见其人，无咎'也。"

《艮》卦主要申明"止"义。《序卦》曰："《艮》者，止也。"《杂卦》曰："《艮》，止也。"《艮》为"止"，所以《彖传》有"时止则止"之说。

但论"止"之卦何以又谓"时行则行"？

金景芳先生解释说："止的意义并不简单，不能以为停止不动才是止。其实止还包含着行的意义在内。这一点一般人不易领会，所以孔子特别加以说明。止于止是止，止于行也是止。我们坚持不懈地干一件事情，就是止于行的止。后来我们发现情况变了，这节事情必须停止，不宜再干了，这就是止于止的止。坚持干什么，是止于行；坚持不干什么，是止于止。

两种止实行起来都要看场合，就是要'艮其背'。这个场合不仅是空间上的场合，也是时间上的场合，而

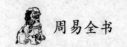

且归根结底是时间上的场合。'时止则止'时要求止于止，就止于止。'时行则行'时要求止于行，就止于行。或止于止，或止于行，时是决定性的因素。"

上述的解释辩证色彩很浓，意义也很深刻。它表明，艮止之义不仅在于因时而止于所止，还在于因时而止于所守。所以，《彖传》接着说："艮其止，止其所也。"而《象传》则更明确地强调，君子观《艮》之象，应当"思不出其位"。宋人程颐解释说："君子观《艮》止之象，而思安所止，不出其位也。位者，所处之分也。万事各有其所，得其所，则止而安；若当行而止，当速而久，或过，或不及，皆'出其位'也。"（《程氏易传》）"止其所"、"不出其位"，都是指止其所当止。而止其所当止，也就是止其所当守。因此，"止"并非静止不动，而是以止助行，以行成止。

止于"行"或止于"止"，决定性的因素是"时"，所以说"动静不失其时"。人若能做到"动静不失其时"，便能顺应事物发展的规律而"时中"。"时中"即"中"而因其"时"，"时"而得其"中"。得其"中"，所谓经也；因其"时"，所谓权也。有经有权，故能变通。此所谓"变通者，趣时者也"。变通趣时，就能顺天应人，推陈出新。

《周易》中有《革》卦，专门讲变革，"革命"一词即滥觞于此。而《革》卦之后紧接《鼎》卦，目的就在于彰显"革故鼎新"之义。从这个意义上说，趣时变通，即变化日新。能趣时变通，即是"识时务"。而识时务，能日新，就可以常保通泰。所以《周易·系辞传》说："日新之谓盛德。"

人生一定要动的，"动则观其变而玩其占"，我们自己有时候动了，要观察动所产生变化的现象，而玩其占，占是用数理来推定结果。

由此，顺应形势的变化而采取行动，才能把握机遇，才能无往而不胜。

看到了一则小故事：一位商人子承父业做珠宝生意。可是由于缺乏父亲的眼光，很快就把父亲留给他的全城最大的珠宝店赔光了。商人依然对自己的能力充满自信，认为自己只是在珠宝这一方面缺乏必要的眼光和技术。于是改行做服装生意，不到两年，无力为继，因为他总是跟着时尚的尾巴走。

后来，他又开过饭店，做过化妆品生意，钟表生意，印染生意，无一例外的失败。此时的他已经52岁

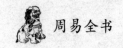

了，却没有一点点成功，他开始怀疑自己的能力。这时候他所有的财产只能购买一块离城很远的墓地，他觉得这就是他的归宿。

可是奇迹发生了，不久，这座城市公布了一项建设环城高速公路的规划，他的墓地恰恰处在环城路内侧，土地一夜之间身价倍增，他顿悟了，为什么不做房地产生意呢？于是他卖掉了这块墓地，投身做房地产，五年以后，他已经成为了全城最大的房地产企业家。

古往今来，多少英豪逢时起，千秋伟业世长谈，把握机遇雄心逞，今生不枉走一遭。

话说三国时期，最不为人称道的便是曹孟德，谓之曰："奸雄"。然孰知"奸雄"背后的深谋远虑。苦心经营，方位极人臣。汉帝无能，天下离乱，此时不起，更待何时？且又占"挟天子以令诸侯"之便，孟德占尽天时地利，大好机遇，正待出手把握，其便是，敢于出手把握才圆了一世英雄梦，见机而握，成大业之所需也！

时代造就的英雄，而英雄又开创了新的时代。忆及那硝烟战火的年代，群龙会聚苦无良首，便是伟人勇挑重担，带领中国人民走上了胜利的道路，救我民族于水火之中，乱世出英雄，敢把握才成就英雄——救国救民的英雄。

可叹人间机遇重重，若是不予把握或说把握不当，留下多少遗恨！想当初蒋介石也欲逞一把英雄，却不知民心向背，不知国耻民欲，枉有机遇而不会把握，终成民贼，遗臭万年。

机遇者，人皆可遇，论把握，还需真雄。思我辈，正值青春年华，且祖国大业渴求人才，更当把握机遇，把握年华，求知若渴，勇挑重担，建设属于我们的时代，大义之所在，机遇之所示，只看我等是否能出手把握。

机遇错过，还会有机遇，但是若不想把握，任多少机遇也付之东流了。坐等机遇是不可取的，而应积极去追求，时刻准备去把握，该出手时便出手。

常把壮志盈胸，莫道英雄天成，敢于试锋芒，才有机遇可乘。把握，把握，莫待年华凋零。

冷静处理突然的羞辱

原文：无妄之灾，或系之牛，行人得之，邑人之灾。

释义：无缘无故而遭受灾祸，好比有人把一头牛拴在村边道路旁，路过的人顺手把牛牵走，同村的人却被怀疑为偷牛的人而蒙受不白之冤。

释例：你或许遇到过令你毕生难忘的经历：还差五分钟就到下班的时间了，你兴致勃勃地把办公室桌上的文件整理好，与同事东拉西扯，开开玩笑。就在你准备离开的一刹那，你看见上司气冲冲地从办公室走出来，他把你刚才交给他的报告扔回桌上，当众指出报告中错误的地方，还要你马上把它修改妥当。

对于上司的凌辱，你感到又惊又怒，本来愉快的心情一扫而空，你很想跟他大吵一顿，以泄心中怨愤。可是，请记住：上司永远是上司，吃亏的永远是你。

若要妥善处理以上的情况，你要首先认清楚以下各点：只要你有充足的自信心，没有人可以用说话刺伤你，令你产生屈辱感。

《两流开国中兴传志》版画之汉王现贬豹图。楚汉相争时，魏豹投于刘邦，但由于受刘帮现贬，不忍其愤，所以后来又有叛刘邦之举，最终被杀，这是他没有冷静处理突如其来的羞辱所致

尽量避免与上司发生正面的冲突，否则大家的关系将会变得很恶劣。日后很难找到补救的方法。

一个有修养而自信的人，他绝不会像疯子一样骂人，或是反唇相讥。他会处忧不惊，冷静地面对一切问题。你不妨考虑马上离开，让大家有一个安静反省的机会。只要你能够忍耐一点，你会发觉羞辱你的人，根本是一个欠缺修养的人，不值得你气恼。

因为只有动机中正的合作才是愉快的合作，才是明智的合作，无所不利的合作。

永远要牢记，同老板争吵，是一场不能获胜的战争

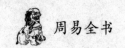

刘强就职于一家颇有前途的公司，为了得到公司的认可，他几乎成了工作狂，还常常想出很多新颖实惠的点子来。功夫不负有心人，他终于得到老板的称赞和重视，被指派拟定一个重要策划。

同事周新是刘强的好朋友，在刘强忙得天昏地暗时，周新会适时地递上一杯咖啡；刘强加班时又会送来一盒盒饭；而且总是自动拿起材料帮刘强打印好。

在周新的帮助下，刘强终于将策划交给老板。谁知第二天老板找到他，说："我很看重你的才华和敬业精神，没有新点子也没什么，但你不该抄袭其他同事的创意。"

老板看他一脸惊讶，递给他一份策划书。天哪！竟然和他的那份惊人地相似，而策划人竟是周新。面对老板的不满，他真想当场发作，在老板面前大发一通牢骚；但是他没有那样做，而是等待机会。

机会果然来了，当老板再次指派刘强做一个很重要的方案时，他从自己的新点子里筛选出两个方案，做出A、B两份策划书，同时找到老板，让他事先知道A计划的内容。然后，刘强在办公室里大做A策划书还是不避周新，但暗地里已把B策划书做好并交给了经理。

果然，不久之后，周新交上了一份和 A 策划书颇为相似的方案。明白真相后的老板非常恼火，他请周新另谋高就，刘强的成果也保住了。

刘强并不是没有牢骚，但是他发泄的方式不是用嘴，而是用头脑、计谋，试想，如果在老板责怪他的当时就与老板吵起来，刘强还会有机会再去做方案吗？他的委屈恐怕只能永远压在心里。

与其满腹牢骚，不如改变一下自己的思维方式，提一些有建设性的意见，这样的员工，必然会引起老板的重视。

与其满腹牢骚，不如改变一下自己的思维方式，提一些有建设性的意见，这样的员工，必然会引起老板的重视。

聪明的员工懂得一条至关重要的准则：同老板争吵，是一场不能获胜的战争。作为公司的一分子，轻视及诽谤，发牢骚和抱怨不仅对公司不利还会伤害自己，与其浪费时间抱怨，不如想办法以自己的努力赢得老板的认可。

抱怨和发牢骚不是改变老板看法的办法，只有艰苦努力才能够改善环境。高贵品格的形成往往是在人们克

服困难的过程中，而那些总是在抱怨和发牢骚的人，终其一生也无法培养真正的勇气和坚毅的性格。对老板而言，它会影响公司的凝聚力，使机构内部互相猜忌，并且涣散团队士气，这样的员工永远没有晋升的机会。

只有无能的人，才会将责任怪罪于他人。真正有能力的人，不管环境多么困难、多么恶劣，都能破浪而出。最大的原因是，因为这些成功者都具备高度的自省能力，他们把恶劣的环境置于一旁，做自我检讨，并清楚的把目标摆在最前面，不因环境改变了，目标也随之改变。

一动不如一静

原文： 是故，吉凶者，失得之象也；悔吝者，忧虞之象也；变化者，进退之象也；刚柔者，昼夜之象也。

释义： 人生的一切，任何一件事，一动就有好有坏。再说任何一动，坏的成分四之三种，好的成分只四之一种，所以中国人的老话，一动不如一静。

释例： 这就是哲学问题了，这是说人类文化。我们人类认为的吉凶，好的或坏的，以哲学来说，没有绝对

敵國無虞妖復有
志事太上皇壽養
備至

宋孝宗

宋教宗像，出自明·天然撰《历代古人像赞》

的，而是根据人类本身利害的需要；我们得到，便觉得
是吉，失去便觉得凶，但这并非绝对。譬如说得病，这
个得就不是吉，而且人生得意不一定是好事，有时失意
也不一定是坏事。

所以对于古文，不要仅在文字表面上读过去，而要
知道在文字的深处包涵了很大的哲学思想。可见吉凶只
是根据个人的观念而来，而悔吝就是忧烦愁虑之象，虞

即虑。

前面说过，卜卦的结果，不外"吉凶悔吝"四个字，没有六个字，换句话说只有两个字——一个是好，一个是坏，——或吉或凶，悔吝只是加上去的。因为"悔吝"两个字，是忧虑。

在《周易》中一方面是小心，如卜到一个卦是悔吝，就是有烦恼，事情办不通，有困难。所以人生的一切，看《周易》只有四个角度，吉凶悔吝。这吉凶悔吝怎么来的，下传有两句话：

"吉凶悔吝者，生手动者也。"

人生的一切，任何一件事，一动就有好有坏。再说任何一动，坏的成分四之三种，好的成分只四之一种，所以中国人的老话，一动不如一静。

凡事一动，吉的成分只有四分之一，坏的成分有四分之三，不过这三分当中，两分是烦恼、险阻、艰难，如此而已。

这把宇宙的道理、人生的道理、事业的道理都说清了，所以儒家就知道慎于动。动就是变革，变更一个东西，譬如创业，譬如新造，这个动不是不可以，但需要智能，需要作慎重的考虑。

一动不如一静，"动"者，活动也，一个为翘首求官之人所心领神会的具有"中国特色"的官场自选动作。尤其是在决定自己官场之命运的关键时刻，真可谓"动"与"不动"两重天：

"动"者，尤其是动之力度足够大者，常常是心满意足地坐上了自己向往已久而又垂涎三尺的"宝座"；"不动"者，或动之力度不够，或动之方向有误者，就只能饮恨官场，或只能发誓在下次"运动"中有所作为了。

当然，也有不信邪的主儿，这就是那些"朝中有人"之辈，他们非但临阵不"动"，而且常常以"静"制"动"，即便那些善动之辈，恐怕也只能拾些他们挑剩下的残羹剩饭了。故而虽说"动静皆风云"，却又常常"一动不如一静"也。

再别如打官司，一场官司一场火，任你好汉没处躲。

置身官司之中，可谓机关遍地，暗道如织，稍不小心，即有可能失足落套，跌身陷阱；稍有不慎，或将被麻烦裹足，引火烧身。此情此境，别说肉体凡胎，即便孙猴子再世，也难保不褪其三层皮也！若再遇到"大盖

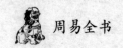

帽，两头翘，吃过原告吃被告”的主儿，即便你三头六臂，有九九八十一变之术，恐怕也照样只有缴械投降和束手就擒的份了！

中国大陆杭州西湖的西方边有两处著名的佛教圣地—天竺山和灵隐山，天竺山上有著名的上、中、下三座天竺寺；灵隐山则有东晋（三二六年）时建的灵隐寺。灵隐寺前有一座山峰，东晋时的印度来华僧人慧理认为它极像自己的故乡的佛教发祥地灵鹫山，曾经感慨地说：“不知它何时飞到这里来？”从此，这座山峰就被人称为“灵鹫峰”或“飞来峰”。

南宋的孝宗皇帝一次游灵隐山时，曾在飞来峰前戏谑地问灵隐寺的住持净辉和尚：“既是飞来，如何不飞去？”净辉和尚幽默答之：“一动不如一静”。

“不是我不明白，是世界变化快”。在你意识到很难适应外界变化的时候，你该怎么办哪？这里不仅有积极和消极两种态度，还有如何决定你的手段达到你的目的。

首先弄明白你的实力和处境，再分析那些是可以通过努力可改变而且应该改变的，那些是不能经过努力而改变的。那些你不能改变的也会变化，所谓的“三十年河东四十年河西"就是这个意思。

事物的发展变化有一定的规律性,大部分是波动性的。

人生当中,机会有大有小,关键取决于你想要成为什么样的人。

一般人把自己的学业和工作的顺利与否看作是人生的关键,而成就非凡的人是能把握百年不遇的机会,这个机会不是他自己努力而得到的,而是他已经准备好自己而等待而未错过的。

毛泽东说过"有些关键时刻我是少数,我只有耐心的等待时局的转变",这也就是以静制动。

等待并不都是消极的,谁能更早地准备好自己而等待时机甚至是危机,谁就更能获胜。无论是战场商品市场还是情场,都不要打无准备之仗。以静制动是一个高度的境界。

"一动不如一静",当然并不是主张一动不动,而是说无论是投资还是投机,都必须掌握适时适度的原则,做到对象适当,时机适当,方法适当,力度适当。在这里,作为市场的参与者,无论是大是小,关键都是要有一个好的心态。心态一稳,适时适度并不难做到,心态

不稳，就难免动辄得咎，事事出错。

《象辞》说：《大有卦》第六爻位（上九）的吉祥，是上天保佑有道德的人，是上天赐给的福分，只有顺天应人，才能大有收获，得到大量的财富。

赞同就意味着软弱吗

原文：决履，贞厉。

释义：刚毅善于作出决断，小心行动，要提防危险。

释例：在处世的交际场合，不仅仅需要谨慎，还要刚毅果断，也就是说当刚则刚，当方则方，只要坚持原则，一心为公，即使会有这样或那样的矛盾，但最终不会有什么麻烦的。

赞同别人的方法和观点并不是放弃职责，而是加强权威。在一些顽固而独断专行的人群中流行着一种说法，认为赞同就意味着软弱无力。

但事实上，赞同涉及到说理和接受道理。优秀经理是讲道理的并且显示自己是讲理的。他在作出最终决定之前，会与部下磋商以求取得一致。一旦作出决定，他将陈述理由。有时候，他的决定会与某一部分人的利益相左，但是他们会赞成这个决定，因为他们知道，他已充分听取并认真考虑了他们的意见，他是以公正与客观的方式行使自己权力的，而且他是不得不作出不利于他们的决定的。

为了取得赞同，优秀经理花大量的时间与部下待在一起，解释情况的复杂性，说明影响最后决定的诸多矛盾因素。他征求他们的看法，并加以郑重考虑。他会站在他们的立场上考虑影响他们的任何问题。同样，他也请他们设身处地考虑他不得不作出的决定。

优秀经理知道，以赞同来管理不同于以许可来管理。他不会为改变人员的安排去求得工会的许可，也不会为安装一台新机器去请求部下许可；他会寻求他们的赞同，但他知道决定最终得由他来作出，因为只有他有权作这个决定，并对此决定负责。

知道机会到了，要把握机会

原文：知至至之，可与几也，知终终之，可与存义也。是故居上位而不骄，在下位而不忧，故干干因其时而惕，虽危无咎矣。

释义："知至至之，可与几也，知终终之，可与存义也。是故居上位而不骄，在下位而不忧，故干干因其时而惕，虽危无咎矣。"这里是说，人最高的智能要做到对自己、对人、对事，知道机会到了，要把握机会，应该做的就做。

释例：看历史就知道，中国历史上有几个人变法，第一个是春秋时的商鞅变法，还有一个是宋代的王安石变法。秦以前原来是公田制度，商鞅变法，一变而为私有财产制，结果商鞅自己弄到被五马分尸。但是他的办法好不好呢？好得很，自商鞅变法，秦汉以后，因为私有财产制，产生了最古老的私有思想，社会繁荣富足。到了宋朝王安石，也想走变法的路子，最后又失败了。

但王安石的所谓新法到底好不好呢？后世评论他是

了不起的大政治家，但他不能"知至至之"，那个时代的趋势还没有到，他虽有高度的思想，高度的办法，可是没有用处，所以要"知至至之"，时机到了便做，则刚刚好，就可与几也。什么是"几"？就是知机，未卜先知，就是知这个几？等于看电视，手刚搭上开关，在即开未开之间，那一刹那就是几，要有这样恰到毫颠的高度智能，看准了，时间到了，应该做就做，对了便可改变历史。

"知终终之"，就是看见这件事，应该下台的，就"下次再见，谢谢！"立即下台，永远留一个非常好的印象在那里。但这个修养很难做到

《东周列国志》
版画之说秦君卫鞅变法图。卫

的，孔子、老子都是 鞅即商鞅，也称公孙鞅，他把
这个思想。老子说的 握了机会，在秦国实施了变法

"功成、名遂、身退"，就是知终终之。

但"知终"的"知"很难，如懂了这个道理则"居上位而不骄"，虽然坐在最上的位置，也不觉得有什么可骄傲的，这如同上楼下楼一样，没有永远在楼上不下来的；那么在下位也无忧，因为时代不属于自己的，所以人生随时随地要了解自己。所谓干干因其时而惕，要认识自己，时间机会属于自己就玩一下，要知道玩得好，下来也舒服，这样纵或有危险，但不至出毛病。

从这里就看到孔子的思想就是一个"我"，人生如何去安排我，每一个人把自己的自我安排对了，整个大我也安排对了，有许多事往往是因为这个"我"安排得不好，把整个事情砸烂了。

有四样东西一去不返：说过的话、泼出的水、虚度的年华和错过的机会。

利用的机会越多，创造的新机会就越多。

你有属于自己的、独特的位置和工作。找出你的位置，占据你的位置。

人的一生中，幸运女神至少光临过一次。当她发现人们没有准备好迎接她时，她便从门进来，从窗子出去。

　　机会是靠自己去把握的，偶然的一次机会与朋友对话中，我顿时体会到了这句话的真正含义。那是在我向上天妥协时，朋友给我的提醒，不应该等待机会，那是弱者的作法，强者是给自己创造机会。

　　希腊大学者苏格拉底带领弟子们来到一块麦地，要他们去采摘一株最大的麦穗，并且只准前进不准后退，弟子们听明白后，就去采摘麦穗，他们一会儿看看这株、一会儿看看那株，总不满意。不知不觉，他们走到了尽头，双手空空如也，这时他们才恍然大悟，失去的机会不会再来。

　　掩卷沉思，弟子们为何没有采摘到最大的一株麦穗？这片麦地里究竟有没有最大的一株麦穗？他们失败的原因是什么？这很让人深思。那些没有采摘到麦穗的人，他们总认为前面那株才是最大的，机会还有很多。时间就在选择中、在寻找中流逝，最后就可能一事无成。

　　面对机遇，我们该怎么做呢？有的人是主动寻找机会，他决不会错失良机；有的人则不能做出准确判断，总觉得机会多，错过一次没什么，结果一次又一次错失良机，与之擦肩而过；还有的人整天只知道坐在家里想

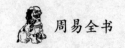

入非非，没有实际的行动。我想：机会只会降临那些有准备、会把握机会的人的头上。因为他们知道，抓住眼前的机会是最关键的。

再想想自己吧，有着远大的理想和追求，常把它挂在嘴边，可落实到行动上，却与想的有着天壤之别。没有认真对待每一件事情，脚踏实地过好每一天。这样看来，追求尽管很高远，那也不过是空中楼阁、海市蜃楼而已，机会肯定与你无缘。

机会是很多的，但把握住眼前的机会才是最实在的。

很多人成功了。有的是公认的成功，有的是自认的成功。成功有大小之分，你定了一个目标，然后达到目标，别管大小，你应该是取得了成功，虽然别人并没有感觉到。当然，有时候你在公众眼里已是一个成功者，可你自己并不以为然。所以，何为成功并不是一个很重要的问题。

成功会带来很多结果，自信和尊重应是必不可少的衡量指标。如果所谓的成功带来的只是金钱（甚至是财富）和大众的惋惜，那么成功的途径并不值得仿效。人们追求成功的目的也有不同，为了造福人类还是仅仅为

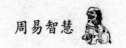

了自我的实现。

"完善自我兼济世人"是前辈们的一个境界。成功是一个过程，也是一个结果，它的价值需时间的验证。在近期内，人们会记得你是怎么做成的，但很久以后，如果人们也只能记得你是怎么说的了。

成功有很多种因素。不仅靠聪明，还要有机遇。聪明能干是必备条件，机遇也是很多人强调的。成功者谦虚地说自己幸运，失败者不服气地诉说机遇不公。机遇到底是怎么回事？机遇是均等的，关键是你怎么把握住它。你可以利用机遇，不可拥有机遇。

"智者无悔"、"勇者无限"，当机遇来在你面前，你是否有智能识别，有勇气面对它哪？你是否是一个有准备的人？一个勇者的自信心是获得成功的关键。有自信和自我感觉良好，才不会错过良机。此外，在当今社会，"出奇制胜"者要比"循规蹈矩"者更幸运。

一位哲人说：人生是一场战斗。在人生的战斗中，总是与坎坷相伴，追求也常有痛苦相随。生活中的弱者，面对困难和挫折，犹豫了，害怕了，"认命"了，往往在紧要关头败下阵来。强者的行为不同，他们认定一个目标，义无反顾，追求比心更高的山，所以，他们

能够不断臻于新的人生境界，欣赏到新的人生风景。

人的一生充满着大大小小的障碍，逆境也好，顺境也好，人生就是一场与种种困难的斗争，一场无尽无休的拉锯战。曹雪芹着《红楼梦》花的功夫是"披阅十载，增删五次"，字字看来皆是血，十年辛苦不寻常。巴尔扎克说过："人类所有的力量，只是耐心加上时间的混合。所谓强者，是既有意志，又能等待时机。"

耐得寂寞，成就功名

原文：系用征繻，置于丛棘，三岁不得，凶。

释义：被绳索重重地捆绑住，囚放在荆棘丛生的牢狱中，长达三年不能解脱，十分凶险。

释例：古人"两耳不闻窗外事，一心只读圣贤书"，就是怕受到外界的干扰，使一颗平静的心变得不平静，就是强迫自己耐得寂寞，从而可以"十年寒窗人未识，一朝成名天下知"。

干一件大事必耐得住寂寞。

越是人多的地方，人越寂寞；人少的地方，人们反而能推心置腹，心能贴到一块儿。物质上的城市，精神

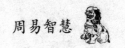

上的荒漠。

只要找到属于自己的路，不管什么时候都不算晚。

沃尔玛位居财富500强之首，已经有好几年了。两三千亿美金的年度营业额，超过世界上绝大多数国家的国内生产总值。可有谁知道，沃尔玛的创始人山姆·沃顿，曾经守着一片小店，缩居街角，几十年如一日地进行原始积累的艰辛！

再看看当今走红的 Google，上市以来，股价达到四百多美元，市场价值转眼就达到一千多亿美金。可有谁知道，在2000年前后因特网烧钱时代，那么多的公司到处拉风险资金，花费千百万打广告、创立品牌时，Google 硬是藏在深闺无人知，默默无闻地开发技术，然后硬是通过口口相传，一举成为搜索引擎中的佼佼者。前几天在一次活动上遇到当时的元老之一、至今仍是董事会成员的 Ram Shriram，印证了当时的 Google 确实有很多得到很多风险资金、走上烧钱道路的机会。这位衣着随便的印度人说，正是因为耐得住寂寞，专心致志做事，才造就了今天的 Google。

耐得住寂寞就是信守任何东西都是来之不易，若有回报，一定要投资。正如一位石油亿万富翁所说，成功

就是选定目标,确定要付的代价,然后分文不少地一分一分付清(know the price you have to pay, and then pay it)。人们大都只看到成功者的荣耀,却忽略了其背后几十年如一日地付钱,是多么寂寞、漫长、乏味的过程!蚕蛹化蝶,瞬间的美丽,蕴含着多长时间的艰辛准备!

耐得住寂寞也是目标专一。一个公司、一个人,在其发展过程中会遇到多少机会,甚至诱惑!选择实在太多太多,尤其是在初创时代。几个月前听Yahoo的首席数据官(Chief Data Officer)说起,今天的因特网仍旧是遍地机会。他本人做数据挖掘出身,光看他本人经历过的那么多的项目,每一个都可能做成一个很大的生意。面对如此多的机会,公司大如Yahoo,如果都去涉足,也会因资源分散而最终一无所获。对于一个人,十年练一剑,而不是十八般武器,讲的就是目标专一。

目标专一也是知道自己想要什么。这不是说想买什么车子,房子,而是自己想在5年、10年、20年成为什么样的人,达到什么目标。芸芸众生,包括我自己在内,并不是每个人都认真地想这些;而确定了目标,耐得住寂寞、一步步交学费、实现的就少之又少。寂寞难耐,说白了,就是急功近利,急于求成。归根结底,套用一句个人理财方面的话：发财是一个漫长而无聊的过程（Getting rich is a long and boring process）。事事如此。

"如果你想出人头地，你要耐得住寂寞。"虽然它只不过是一句世言，但它在一定的范围内有其正确性。

我们要追求一个精彩的人生，一个价值永存的生命，这就需要我们耐得住寂寞。

为什么有这么多的人会失败，有一个很大的原因就是：他们耐不住寂寞！在人生这个过程中，会有很多寂寞的时候，会有很多安静的时候。因为辉煌之前需要静寞，需要一段或长或短的预备。很多人他们要辉煌的生命，他们想自己的人生之中充满色彩。这并没有错，因为神也愿意我们有一个精彩而又美好的人生。但是有很多人不懂，辉煌和精彩的生命是在等候神、顺从神之中孕育出来的。再进一步说：安静的准备和等候是成功人生的一部份，没有人能越过它而成功。

安静的准备和等候是寂寞的。多少时候我们没有了解静寞的真谛，以至抛弃它，同时把成功抛弃！多少时候我们"耐不住寂寞"，我们要自己选择，以至失败又失败！这是多么可悲！

最后让我们来听一句话："人哪！你为什么跃跃欲

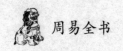

试？你为什么这样急于求成？你要耐得住寂寞，因为成功的辉煌就隐藏在它的背后。"

决不能盲目大干

原文：不可涉大川。

释义："大川"指大河，"涉"指渡河，"不可涉大川"指不能渡过大河。羽毛未丰，不可以远翔；方舟未成，不可涉大川。

释例：不了解过去，就难以把握今天，还可能失去未来。对于一个民族是这样，对于一个人也是这样。

世界上最可悲的事情，没过于方向不明决心大，自己都不知道要做什么、能做什么、在做什么，就盲目大干快上，结局可想而知，除非上帝永远与你同在。

老子说"道常无为而无不为"（《老子》三十七章），这里的"无为"乃是指不要妄为、不要乱为、不要强为的意思，因为"不知常，妄作，凶"（《老子》十六章），也就是说，如果不懂得遵守自然规律，而去盲目乱干，就会有"凶"的结果。

老子告诫人们不要自作主张，用主观的态度去对抗自然规律，要人们凡事都要顺从天地自然之理去做，遵守客观规律，顺从自然，这样就能无所不为，即什么事都能做成功。

急躁轻率，盲目蛮干。有些人不研究事物发展的必经过程和阶段，不了解其发展规律，抱着急于求成的心情轻率地盲目地蛮干，结果遭到了失败。

三十六计之远交近攻图。

《孙子兵法》曰：上兵伐谋，其次伐交，其下攻城。三十六计中的"远交近攻"即体现了"伐交"的思想

俗话说："欲速则不达，想快反而慢。"要想在工作中取得成功，必须遵循事物发展的客观规律及其发展进程，有计划有步骤地进行，并要有百折不挠的坚强意志。只有那些勤于思考，善于安排的有心人，才有可能取得成功。

古人云："上兵伐谋，其下攻城"。"伐谋"，就是斗智，旨在出奇制胜；"攻城"，就是斗力，全靠奋勇拼

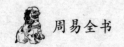

搏。为什么有的地方克难攻坚，无往不胜？为什么有的地方苦干实干，难以脱困？为什么有的企业起死回生，反败为胜？

为什么有的企业屡战屡败，甚至开张之日就是倒闭之时？原因就在于市场经济瞬息万变，险象环生，光谋不干就会坐失良机，有勇无谋定会折戟沉沙，瞎谋乱干终将全军覆灭，惟有善谋实干，才能天下无敌。

善谋实干，必须面对现实，力"求于势，不责于人"。无论何时何地，大到一个国家、小至一个家庭，发展的不平衡肯定存在。或因投入不足、决策失误，或因资源贫乏、人才奇缺……个中缘由难以尽数。

但是，不论什么原因，都要面对现实，切不可横挑鼻子竖挑眼，全盘否定，无情打击。怨天尤人不能令时空倒转，求全责备对发展有害无益。

善谋实干，必须循序渐进，蓄势而发，切不可急功近利，盲目冒进。你想当老板，必先当好打工仔；你想跻身世界500强，必先塑立新形象，博取人家的好感和信任，与人为善，搞好关系。

做事情要掌握分寸，坚持适度，在实际生活中要防止和克服不顾分寸盲目乱干的思想和行为，"过犹不

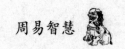

及"。

有这样一则寓言：一天，杨子的邻居丢失了一只羊。

邻居带领全家一齐出动去追寻，同时又来请杨子的童仆帮助去找。

杨子听了，奇怪地问："咦！仅仅丢失了一只羊，为什么这样兴师动众追寻呢？"

领居解释说："因为路上岔路太多，人少了难以分头去找。"

过了一会，找羊的人回来了。

杨子问："羊找到了吗？"

邻居懊丧地说："岔路之上，又有岔路，不知道该何去何从，无法再追，只好回来了。"

所以做事要保持清醒的头脑，看到事物的复杂性，避免盲目乱干。

荀况是我国古代杰出的唯物主义哲学家，他提出"天行有常，不为尧存，不为桀亡"的观点。同时也明确的提出"明于天人之分"的思想。荀况认为，天是自然的天，与人世社会的吉凶祸福，兴衰治乱不相干的。不仅如此，荀况还在知天的唯物主义自然观基础之上进

一步提出了制天命而用之的思想。

这个思想更加鲜明的表现了荀况重视人的主观能动性的唯物主义革命精神。文中"制天命而用之"这一人定胜天的思想告诉我们要积极地发挥个人的主观能动性去战胜大自然，要自己掌握自己的命运。

荀况重视行，重视实干的思想，并不是脱离知而盲目的瞎闯。相反，他指出"知而行无过"，（《劝学》）阐明了"行"是在有明确的目的指导下进行的。"知"不是目的，"知"是为了"行"。是为"行"服务的，是受"行"指导的。

做任何工作，首先是思路，然后才是方法。比如创新，主要是思路的创新，这是最根本的创新，也是最艰苦、最直接的创新。创新之要敢为先。但敢想不是空想、幻想，而是在具备一定的理论思维层次上，用先进的理论为指导，对事物进行全面的、深刻的、合理的分析、判断、推理、综合。其结果应该是新颖、先进、有实用价值。

创新要敢闯。敢闯不是蛮干瞎闯，不是惟书惟上。而是在准确把握工作全局的基础上，从实际出发、敢于实践、敢于冒险、敢于冒尖、永不言败。敢闯是一种品

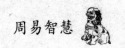

德、一种境界、一种精神、一种价值，是创新发展的具体行动，是通往成功的阶梯。只有遵从实际敢于实践，才能真正使思想创新成果转化为工作创新成果。

诚信与诚实善良人

原文：孚于嘉，吉。

释义：把诚信带给诚实善良之人，可获吉祥。

释例：在社会交往中，给朋友的帮助必须感到自己的价值得到了他人的承认。不管你用多么美妙的言辞表示感谢，他们最终期望的是得到自己应得的报酬，以让自己的价值得到实现。

在职场中员工们会按照市场情况和一些合适的对象进行比较，他们将以自己的收入来判断对工作的满意程度。不管一个人多么高尚，他可能会因谋求个人发展而牺牲收入，但他们不可能长期如此，因为他们要生存。

重要的一点是，不要让员工将宝贵的精力和智慧用于计较个人报酬，要让员工能集中精力来工作。最好的领导者总是在员工要求增加工资时早已为他们做好准备，他们积极主动调查市场，保证自己员工的报酬比其

它公司要高。

一旦员工开始为工资而抱怨，老板应高度注意，公司的最好员工将会离开，以寻求更高的工资收入。有时即使你付的工资很高，还是有人不能满意，解决这一问题的办法是将个人业绩与报酬挂钩。你应当让员工清楚，真正努力的员工将会得到最好的报酬，付给员工工资也必须考虑市场因素。真正的竞争是获取一种稀缺的、宝贵的财富以产生最好的结果，真正的竞争必须拥有最好的员工队伍，并且根据其贡献程度给予最合理的报酬。

最高的道理，也是最平凡的道理

原文：干以易知，坤以简能，易则易知，简则易从；易知则有亲，易从则有功；有亲则可久，有功则可大；可久则贤人之德，可大则圣人之业；易简而天下之理得矣，天下之理得，而成位乎其中矣。

释义："干以易知，坤以简能"只这八个字，如把"以"字拿掉，实际上只六个字，解说起来可麻烦得很，如"易知"的易，到底是《周易》的易，还是容易的易？

这句话是说干卦的功能，也是宇宙的功能，要怎样去了解它？也可以说懂了《周易》，就可以了解它。"干以易知"，第二个解释也可以说宇宙的功能是很容易懂的。我们认为以第二个解释对，因为下面说"坤以简能"，这个简字也有两个观念，一个是简单的意思，另一个则是拣选的意思，如我们的文官有简任、委任，就是拣选的意思。

古代皇帝派一个钦差大臣出去，也称拣选，就是特别挑选出来的意思，可以说是精选，而在这里的"坤以简能"的"简"，是简单容易，就是说《周易》的法则，不要看得太难，而是简单容易的。

自古以来，《周易》的学问，总被"神秘"这个观念挡住了，这是错误的，真懂了《周易》，一点都不神秘，最高的道理，也是最平凡的道理，这两句话，就是告诉我们《周易》是最平凡的。

释例："易则易知，简则易从；易知则有亲，易从则有功；有亲则可久，有功则可大；可久则贤人之德，可大则贤人之业。"这几句话的文字，都可以看得懂，

不必一字一句解释了。这几句话的文字非常优美，但在研究人文文化上，有一点要注意的，儒家孔孟的思想，道家老庄的思想，乃至诸子百家的思想，都是从《周易》来的。

这里可以看到孔子把这一套思想，拿来做人文思想。所以下面他说："易简而天下之理得矣，天下之理得，而成位乎其中矣。"这里孔子明白告诉我们一个道理，即天地间最高深的道理最平凡，有些事所以会看不懂，认为高深，乃是因为我们的智能不够。天下之理在哪里，是"成位乎其中"。

所谓"成位"，以现代的观念来说，就是"人生的本位"或者"人的生命的价值"，生命的法则，生命的意义，都可以在中间找出来的。

有一句话是这样说的，大概是揶揄那些书呆子吧——"把简单的问题说复杂，需要知识；把复杂的问题说简单，需要水平。"

知识是死的，水平是活的。知识是第一步，是工具；如果你能正确运用知识，把一切深奥的东西说得浅显明白，那才是水平。

千万不要误以为自己有知识，把原来大家都明白的事理，搞得似是而非，让人摸不着头脑。另外，在行事上，要崇尚简要、明白，不要放个屁，还要有一、二、三点，先两腿分开，然后凸肚皮，才可以开始放屁之类。

《周易》的《系辞上》说："易简，而天下之理得矣；天下之理得，而成位乎其中矣。"这一句话很重要，是一个在社会上取得地位的金钥匙。人了解了简易与容易的原理，就已经领悟了天下一切事物的道理。领悟天下一切的道理之后，就能在天与地之间，确立人的地位，与天地并立了。

怎样的眼光，怎样的世界

原文：童观，小人无咎，君子吝。

释义：像幼稚的儿童一样观察景物，这对无知的庶民来说，不会有害处，但对担任教化重任的君子来说，就未免有所憾惜。

释例：无论是在社会、家庭还是在公司，只要缺乏具体明确的工作规章，而我们又高高在上，颐指气使，就势必造成普遍的不满情绪，降低凝聚力。其实只要稍

微费点功夫，告诉他们什么是正确的，大多数人都渴望做得正确。活干得轻松漂亮，又可以得到表扬，何乐而不为呢?!

因此，当你告诉别人什么地方错了，同时也应该告诉他怎样做才正确。重点不应该放在错误上，而应该放在改正错误的手段和方法上，以避免今后重犯。这样做就是一种平等协作的态度，这比你只是简单地责怪或训斥会取得更大的成效。

俗话说，话说三遍淡如水。要想对一个已知的过错引起注意，一次提醒就足够了，批评两次完全没有必要，而三次就成纠缠了。

察见渊鱼者不祥

原文：察见渊鱼者不祥。

释义：连深渊水底的鱼，河中浑水里的鱼有多少条、在怎么动也看得清楚，不要自以为很精明，实际上很不吉利，说不定会早死，因为精神用得过度了。

释例："察见渊鱼者不祥"，作人的道理也是这样。不要太精明，尤其作一个领导人，有时候对下面一些小事情，要马虎一点，开只眼闭只眼，自己受受气就算了，他骂我一顿就骂我一顿。一定要搞得很清楚，"察见渊鱼者不祥"，连深渊水底的鱼，河中浑水里的鱼有多少条、在怎么动也看得清楚，不要自以为很精明，实际上很不吉利，说不定会早死，因为精神用得过度了。

上面这些原则千万要把握住，如此人就舒服了。

美国著名的心理学家纳特·史坦芬格做过这样一个实验：要求四名前来求职的人，要一

苏轼像，选自《吴郡贤图传赞》。苏轼，字了瞻，号东坡居士，北宋文学家、书画家，一生经历波折。他喜研《易经》以《易》理思维融和诗篇，如"人有悲欢离合，月有阴晴圆缺，此事古难全……"便是例证。这是《易》变的本义。苏轼易学著作有《东坡易传》

边做自我情况报告的录音，一边用小型的煮炉煮牛奶。第一位求职者声称：自己学习成绩优秀，而且有出色的社会活动能力。他在报告最后特意提到牛奶煮得很好。第二位求职者的报告的内容与第一个人相差无几，但他在报告的最后说，他不小心碰翻了煮炉，牛奶也煮煳了。第三位的情况和前面两位不同。他说自己的学业很糟糕，而且社会组织活动能力不怎么样，但他的牛奶煮得相当棒。第四位的自我报告和第三位相似，并且牛奶也煮得差劲。史坦芬格认为，所有求职者都可以归于上述四类人之中，第一类人：十分完美，毫无欠缺；第二类人：非常完美，略有欠缺；第三类人：欠缺，有小长处；第四类人：毫无长处。表面上看来，似乎第一类人成功的几率应该更大，但现实的天平却倾向于第二类人。

因为人毕竟还是现实的，都会有或大或小的毛病，不可能做到面面俱美。同时，一个人如果锋芒毕露，会让老板觉得你华而不实或者故意做作，甚至还担心浅水养不住你这条大鱼。

所以，如果你是十分出色的人才，在求职时，大可不必去掩饰个人的一些小毛病，有意无意地卖点"傻"，学点笨，使人觉得亲近，更容易让人接受。

中国人有一种思想叫做藏拙，意思是你会的东西但是不一定要做，你明白的道理不一定要说，自己明白就好了。我不以为意，知道的为什么不说？回做的为什么不做？只不过看心情罢了。

忽然想起郭靖，忽然想起黄蓉，杨过还有小龙女，黄蓉不是聪明绝顶，郭靖是苯的够可以的了，可是为什么郭靖会左右互搏，而黄容却学不会，你说他们谁苯，金庸说是黄容太聪明反而静不下来，而郭靖却心无旁骛。

就好象，一个碗，中间是空的，只有中间是空的碗才能装饭，要是中间是实心的，就装不了饭了，只有空的碗才可以装饭，是不是说空虚的要比实在的有用的多呢？又比如一间房子，里边空的才可以住人，如果一个死的实的，却又有什么用，算不算大盈若冲呢？

郑板桥有一风行天下的条幅："难得糊涂。"难得糊涂之"糊涂"，与孔子所谓其愚不可及的"愚"近似。

人生在世，睁眼一看，多的是小聪明，伶俐奸巧、营利、谋私、保身、求荣，芝麻大的好处都不肯放过，必欲弄到手而后快，处处要表现自己的能事，处处卖乖

掐尖。但是，上帝是公平的，善于运用伶俐机智取得眼前利益的人，它不让他们接近那些大事业、大成果；过于尖巧冒头的人，它常常想办法摧折他。

俗语说："聪明反被聪明误。"《红楼梦》曲子说："机关算尽太聪明，反误了卿卿性命，生前心已碎（指王熙凤为逞能、拈酸、谋财操碎了心），死后性空灵（指连自己的女儿巧姐都保护不了，流落到乡野人家）。这大概也算一大教训吧！

北宋苏轼《说儿诗》说：

> 人皆养子望聪明，
>
> 我被聪明误一生。
>
> 惟愿生儿愚且鲁，
>
> 无灾无难到公卿。

这不只是表现了作者的愤激，主要还是表现了一种对愚智的向往（文人往往最缺少愚智！）。

大智若愚，难得糊涂历来被推崇为高明的处世之道。只要你懂得装傻，你就并非傻瓜，而是大智若愚。做人切忌恃才自傲，不知饶人。锋芒太露易遭嫉恨，更容易树敌。功高震主不知给多少下属巨子招致杀身之祸。

人际交往，装傻可以为人遮羞，自找台阶；可以故作不知达成幽默，反唇相讥；可以假痴不癫迷惑对手。你必须有好演技，才能傻得可爱，"疯"得恰到好处。谁不识个中真相谁就会被愚弄；谁能不领会大智若愚之神韵，谁就是真正的傻瓜、笨蛋。

古语说得好；"满招损，谦受益。"一个人即使并不自满，而只是才华横溢，锋芒毕露，也都容易受到别人的攻击，受到损伤。因为你的流光溢彩使周围的人相形见绌，黯然失色，所以，你越能干，事情做得越完美，就越得罪人。

也许你完全没有意识到这一点，甚至百思不得其解。可事实就是如此，人们完全可以这样想；"都是爹妈生的，你凭什么！"

所以，凡事当留有余地，不那么锋芒毕露，咄咄逼人，使人家感到需要你却不受到你的威慑。

要做到这一点，有时就需要装"傻"了。这就是"以能问于不能，以多问于寡，有若无，实若虚"。明知故问，给别人一个表现的机会；明明知道他不如自己，也去向他请教；明明自己懂得很多，但把它埋藏在心底，表面上做出一副什么都不懂的样子. 有了这些，再

加上人家冒犯了自己也不针锋相对地去计较，不以牙还牙，以眼还眼，这就不会对他人构成威慑了，反过来，自己也就可以减少一些他人的攻击和中伤了。

当然，这样做的结果，你也会失去很多，至少是谨小慎微.活得不那么潇洒自如了罢。更何况，对很多人来说，天性注定如此。所谓"才华横溢"，才华多了它就是要"溢"出来；所谓"锋芒毕露"，既有锋芒，它就是要"露"，要"脱颖而出"。

这样看来，"傻"也不是人人可以装得出的，要装"傻"，也的确要掌握装"傻"的艺术才行啊！

锋芒太露而惹祸上身的典型在旧时是为人臣者功高震主。打江山时，各路英雄汇聚一个麾下，锋芒毕露，一个比一个有能耐。

主子当然需要借这些人的才能实现自己图霸天下的野心。但天下已定，这些虎将功臣的才华不会随之消失，这时他们的才能成了皇帝的心病，让他感到威胁，所以屡屡有开国初期斯杀功臣之事，所谓"杀驴"是也。韩信被杀，明太祖火烧庆功楼，无不如此。

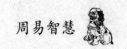

安心静处，戒骄戒躁

原文：咸其股，执其道，往吝。

释义：感应发生在大腿上，一味地跟随着别人任意妄动，这样前去行事，必然导致灾祸。

释例："我听你的"，这句话感觉总像谈恋爱的话语。但现今很多职场中人也喜欢拿这句话磨磨嘴，每每决策问题，处理问题时，"我听你的"便脱口而出上了台面，这究竟是客气，还是谦让呢？

小李在某杂志社编辑部担任美编已经3年了，在工作中总是很客气，很谦让，总喜欢说："行！我听你的。"时间一久，大家就帮他起了一个绰号叫"我听你的"。但现在杂志社面临改革，为了提高效率，总编要求大家都要独立完成工作，并且多提一些好的创意。到了这时，小李才发现，那根习惯了别人帮自己拿主意的拐杖已悄悄消失，由此感到了从来没有的极大压力。

依赖性和求懒心理对于每个人而言可说是与身俱来的，职场中也不例外，尤其是在某些特定的环境影响下，这种情况便很容易出现。然而，我们自己的职业生

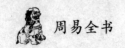

涯发展很多时候需要依靠自己的力量做出抉择，别人的帮助只能当作是建议。一切还得靠自己。

约翰·法伯是法国伟大的自然科学家，他曾利用毛虫做了一次最不寻常的试验。这种毛虫有一种"跟随者"的习性，总是喜欢盲目地跟着前面的毛虫走，有时候人们也经常叫它们游行毛虫。

法伯把若干个毛毛虫放在一只花盆的边缘上，首尾相接，围成一圈；花盆周围不到六英寸的地方，放了一些松针，这是毛虫喜欢的食物。毛虫开始绕着花瓶游行，它们一圈又一圈地走，一个小时又一个小时过去了，一天又一天过去了。一连7天7夜，它们一直围着花瓶团团转。最后，终于因饥饿而精疲力竭地死去。在不到6寸远的地方就有很丰富的食物，而它们却饥饿致死。这其中，只要任何一只毛毛虫稍微与众不同，便立即会过上好日子（吃松叶），更别提被饿死了。

如果只是盲目地跟随他人，那么，这样的员工就和毛虫一样，只能从丰富的工作中步入那单调的圆圈，最后通向死亡。

所以，不要依赖他人、盲目地跟随他人，而要做一个聪明的跟随者。拿破仑·希尔说过："大多数领导者是以跟随者的身份开始职业生涯的，他们成为杰出领导者的原因是他们最初都是聪明的跟随者。心态欠佳、不够机智的追随者是不会成为有能力的领导者的，这很少有例外。最有效地跟随领导者，往往能够很快地成为领导者。聪明的跟随者有很多机会包括从其领导者那里得到的机会。"

怎样才算是一个真正的"聪明的跟随者?"独立性和依赖性是人的两大矛盾对立的特性，真正的"聪明的跟随者"就是那些善于摆脱依赖性，努力实现自己的独立性的人。而真正的独立，首先是思想上的独立，承认专家权威的存在，但决不是盲从，不是人云亦云，毫无主见。

一家大型通讯公司，有一次遇到所管辖的通讯地段突降暴雪，电话线上结了厚厚的冰，而且在风沙中摇摇欲坠，对正常通讯造成了极大的威胁。

公司高层虽然经过多次研究，仍然没有拿出一个切实可行的解决方案。负责检修线路的工人可可尼斯突发奇想："或许，能用直升机向下喷热气的方式使冰融化。"他立刻把这一想法大胆地提了出来。

但是，他的主管和同事认为连决策层都不能轻易解

决的问题，一个普通工人肯定是无法解决的。他平时的好朋友更是满脸的不屑，冲他吼道："别异想天开啦！哼，这肯定是不行的！"

可可尼斯并没有因此而沮丧，他坚持把自己的观点呈报给决策层。出人意料的是，他的建议不但被采纳了，而且大获成功。可可尼斯因此很快晋升为主管。当初嘲讽他的好朋友丹涅尔立即跑去祝贺："老朋友，当初我就知道你行，怎么样，被我猜中了吧？"

与可可尼斯的独立比起来，丹涅尔的这种毫无主见的态度只能招来领导的厌恶。果然，前者最终越干越好，而后者不得不走人。

所以，如果你想出人头地，想实现更大的价值，就不要盲目地追随，要敢于提出自己的见解，改"我听你的"为"你听我的"，只有如此，你才能逐渐建立自己的职业权威度。

不同意见的出现对企业来说是件好事，它不但能激发出员工的许多创意，强化员工的独立工作能力，还能坚定员工们对正确道路选择的决心。但对于那些人云亦云、毫无主见、墙头草随风倒的人，任何企业的管理者都不会给他们晋升的机会！

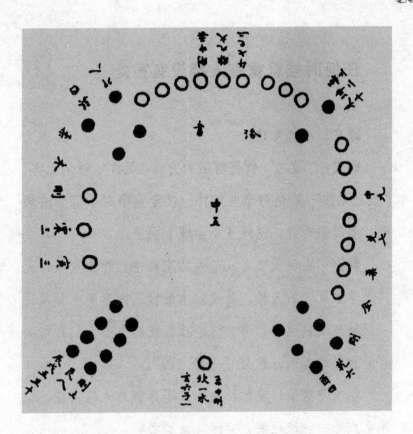

后天图，选自元·保巴《易源奥义》

　　能够赋予一个人思想、灵魂乃至个性的，只有他自己。只有自己才是自己的创造者。人云亦云，毫无主见，缺乏自信，不能够尽到自己的职责的员工，怎么可能不会被职场淘汰，更不用说得到晋升、晋级的机会了。

任何时候尊重别人都没有害处

原文: 敬之无咎。

释义: "敬之"就是尊敬对方,"无咎"就是无害,"敬之无咎"就是对事业伙伴,甚至竞争对手都要讲规矩,要尊敬对方,这样才不会埋下祸患。

释例: 在现代社会人与人的交往中,尊重别人,尤其是尊重别人的人格,是最基本的做人的原则。如果这一道德底线被破坏,那么这个社会就失去了人们和谐共存最重要的基础,就会"天怒人怨"。

在当今这个浮燥的社会中,不尊重别人的人格,似乎已成为一种流行病,有漫延泛滥之势。

有一则故事,让我久久不能忘怀。

故事的内容是这样的:

一天,一位老人在院子里乘凉,过来一位想租房的客人问:"你们这里的邻居如何,是否好处?"老人笑曰:"你们那里的邻居如何?"租房者说:"很糟,一个比一个难处。"老人笑曰:"彼此,彼此。"租房人扭头走了。不一会儿,又来了一位租房者,向老人问同样的问题，老人依然以问作答。

来人说："我们那儿的邻居一个比一个好，大家互相帮助，和睦相处，真舍不得离开他们！"老人还是笑答："彼此，彼此，我们这里也一样。"

故事如此平淡，但颇有些历久弥香，所有的复杂都是人为的产物。别人对你的一切态度其实都取决于你对别人的态度。故而，尊重别人就是尊重你自己。

最近，在一些网上社区闲逛了一下，发现这个虚拟的数字社会，好象也染上了同样的病症。抵毁漫骂、恶言相向、随意删贴之不尊重别人人格的事，不时可见。

或者有人觉得，在网络这个虚拟的社会，本就可以为所欲为，把在现实生活的这种劣行带到网上，甚至还有所放大。

其实，网上社会只不过是现实生活的数码化，数码社会不过是人类社会的一种新的外在形式而已，其遵循的道德准则，以及法律规范，与现实社会是一样的。法律在网上适用，道德同样在网上适用。

在电脑后面的，都是一个个真实的人。虽然有"专家"说在网上跟你聊天的可能是条狗，但小弟至今还未有幸见个这种聪明的狗，据我所见所闻，坐在电脑前面

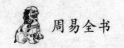

的，还是一个个活生生的人。

既然如此，我觉得，无论是在现实社会还是网上虚拟的社会，大家都应该互相尊重，尊重别人的人格，才能得到另人的尊重。——尊重别人，才能尊重自己。

尊重别人并不是一件很复杂，很难的事。

尊重别人也是很平凡的人也能做到的，因为"尊重"是无分程度的，它包括：一个亲切的笑容、一句真诚的问候或是一个关怀的眼神……。

对一些人来说，"尊重"就像隔住一个可爱、和谐的世界的阻碍物。如果你只是一味的退缩，不去面对，那么你只能徘徊在起点，不知道幸福离你不远。

尊重别人，也包括尊重你的对手。

在日常生活里，时时事事会碰到与你的对手。一般地说，希望对手是合作而不是较劲。但是仔细想来，较劲的对手也好处多多。

譬如，有人喜欢对你挑剔，你就会在他面前显得特别谨慎；有人对你心存妒忌，你就在他那里不会锋芒毕露；有人学识才干比你高强，你在他面前就会不敢板门弄斧；有人善意指出你的缺点，你就会冷静地闭门思过等等。

其实有个竞争的对手，好比自己有了一面镜子随时可以发现自己的污秽而清除；好比自己有了一位跟踪的老师，经常有人对你耳提面令；好比自己有了一个督导的随从，随时都会纠错你的举止言行……

君可见，许多新闻媒体在报导当地某些官员的政绩时，常用许多数据与别地别人比较，比较就是寻找对手，从中肯定成绩，找出差距，学到长处，受到鞭策。我想个人也是如此，如果一个人是井中之蛙，坐井观天，见不到竞争的对手，老子天下第一，那样肯是不会激励自己进步。

现在有些有权有势的人，天马行空、独往独来，与人交往只求迎合、喜欢捧场。讨嫌那些对他监督、批评、挑刺、比赛的对手，认为这些人对他过意不去，是对他事业前程的障碍。其实这是一种有害的误解。

一个从属社会的人在生活中，好比一局棋中的一方。棋逢对手，互争输赢。双方都得按棋规行动。每一步都要三思而行。一着不慎，满盘皆输。这样的竞赛，逼使人来不得半点马虎。你看这样的比赛多么精彩，多讲效益。

奕棋棋逢对手乐趣多多，做人有人竞争督导的对

手，也会使你更多进步！有人说，真正认识你的人，除了你的朋友，就是你的对手。因为你的对手他注意发现你的不足与过失，如果你尊重对手视为朋友，他会使你强大起来。如果把你的缺点错误掩饰起来，甚至加以吹捧的人，你却视为朋友，那就大错特错。

千里江堤，毁于蚁穴

原文： 剥床以足，蔑，贞凶。

释义： 剥落床体先由床的最下方床腿部位开始，整个床腿都损坏了，结果必然凶险。

释例： 俗话说的好"千里江堤，毁于蚁穴"，可见细节的重要性。说起道理人人皆知，但是要落实到平时的点滴工作中却是需要足够的细心和耐心。

只有耐心、细致的做好每个细节问题，才能立于不败之地，这就是细节决定成败的道理。

当今全美国最好的戏剧院不少出自德罗之手。他在设计每个剧院时，都要精确测算每个座位与音响、舞台之间的距离以及因为距离差异而导致不同的听觉、视觉感受，计算出哪些座位可以获得欣赏歌剧的最佳音响效果，哪些座位最适合欣赏交响乐，不同位置的座位需要做哪些调整方可达到欣赏芭蕾舞的最佳视觉效果，而且更重要的是，他在设计剧院时要一个座位一个座位地去亲自测试和敲打，根据每个座位的位置测定其合适的摆放方向、大小、倾斜度、螺丝钉的位置等等。

他这样细致周到为顾客考虑的结果，使他成为一个伟大的建筑师。

当初中国从日本进口缝衣针的时候，好多人都感惊诧：一个针还要买日本人的？看到了日本的针才发现，我们常用的针是圆孔，而日本的针是长条孔，这是为照顾老人们眼花而设计的。上海内环高架桥不允许1吨以上的小货车上桥，一个月以后，0.9吨的日本小货车就在上海接受订单了。这些都说明了日本的企业十分注重细节。在实际操作中，要做到这些是不容易的，因为只有营销部、生产部、物料部、采购部、研发部、制造部通力协作，才能将这件事做好。但是如果你在决策和设计的过程中，根本就没有考虑过，恐怕你连市场的残羹剩饭也吃不上一口了。

中国的企业总的说来还缺少重视细节的意识。这是因为我们长期以来处于物质匮乏的状态。与此相应的是

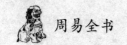

企业的粗放经营，很容易满足于"差不多"的管理，缺乏争取尽善尽美的意识。而且在市场发育的早期，利润空间很大，只要人们胆大、有想法，就可以发财，不需要在细枝末节上下功夫。但随着经济的发展、社会产品的极大丰富和人民生活水平的提高，人们对生活质量的要求越来越高，对产品和服务质量的要求也越来越高。这种高要求，落实到实践中就是对细节的完美追求。同时，面对WTO带来的全球性的竞争，粗放式管理再也不能继续进行下去了。企业要想成功，一定要不遗余力地重视细节的改进、改进、再改进。而细节改进的方向，就是满足人们对生活精致化的要求，一句话，就是人性化的要求。

经济活动应该以人为本，人性化是产品和服务的终极目标。凡是不愿意改进、不愿意在细节上努力的企业，必定被淘汰出局。在我们的周围，服务不到位的情况随处可见。前些日子我在北京，住在一家非常有名的四星级宾馆。早晨我们前去就餐时，为寻找餐厅就花了很长时间，走了很多冤枉路，因为通往餐厅的路上，既没有指示牌，也没有服务员给予说明。还有，在吃饭的过程中，我的一个同伴还没有吃完，服务员就将其中的两个盘子取走。服务员的神情表明，她并不是因为生气或别的什么原因，完全是一种无意识，就是说，她根本没有这方面的意识——对顾客起码的礼貌和尊重。我认为，存在这种情况的根本原因只有一个：就是竞争还不充分，利润空间还过大。如果在一个市场竞争很充分以及行业利润基本平均的情况下，这种宾馆不可能有生存的空间。

我们的成功表明，我们的竞争者的管理层对下层的介入未能坚持下去，他们缺乏对细节的深层关注。

有这样一个寓言：

一群老鼠开会，讨论怎样对付猫的袭击。一只被认为聪明的老鼠提出，给猫的脖子上挂一个铃铛。这样，猫行走的时候，铃铛就会响，听到铃声的老鼠不就可以及时跑掉了吗？大家都公认为这是一个好主意。可是，由谁去给猫挂铃铛？怎样才能挂得上呢？这些细节问题却无从解决。于是，"给猫挂铃铛"就成了鼠辈空话，人类笑谈。

"魔鬼存在于细节中"，任何一个战略决策和规章法案，都要想到细节，重视细节。任何对细节的忽视，都可能导致决策失误。美国电信决策失误，导致宽带网进

入居民家庭缓慢，就是一个例子。

美国是全球因特网革命的领导者，但宽带目前在居民家庭中的普及率并不高。据统计，在韩国，近2/3的家庭拥有宽带接入，而且宽带网的平均速度达到每秒3兆，是绝大多数美国宽带系统的2倍左右；在日本，据预测，有40%左右的家庭在2003年底也将采用宽带上网，速度可快到每秒12兆。而在美国，接入宽带的用户只有15%，绝大多数因特网用户仍在拨号上网，无法享受资讯革命带来的成果。

造成美国在宽带上发展缓慢的原因并不在于基础设施不健全。其实，美国有80%到90%的人口都已经在宽带接入的覆盖范围之内，只是宽带接入却在即将进入用户的所谓"最后一英里"阶段碰到了障碍。

美国以1996年颁布的新《电信法》为基础的宽带政策规定：美国各地方电话公司必须将其网路拿出来供宽带运营商共用，意在通过这样的管制，鼓励ADSL（数位用户线）等采用电话交换系统参与宽带业务领域的竞争，以大大降低"最后一英里"的连接费用。然而，这一政策忽视了一些细节问题，成为阻碍宽带网入户的重要原因。

在几年前，网络建设过热，美国曾出现"跑马圈地"的宽带建设热潮。出于对电信容量将迎来爆炸式增长的期待，电信业投资旺盛，然而宽带业务却一直未能形成足够的需求，结果导致电信能力过剩。电信业入不敷出，无法收回投资，日子很不好过，世通、环球电讯等电信巨头申请破产。

受政策上"最后一英里"障碍的限制，大量闲置的宽带主干网络未能接入用户家庭。因为与窄网不同，宽带入户需要更多的设备建设投资。美国各地方电话公司出于自身利益考虑，不愿意花钱铺设线路而让他人坐享其成，而参与竞争的宽带网运营商因网络泡沫破灭，本来就自身难保，无力投入巨额资金。此外，宽带政策中的混乱与不统一，也影响着宽带最大程度地进入居民用户，如对于以有线电视方式提供宽带服务的运营商，就不要求其与竞争对手分享网络设施；而整个宽带业务行业与影视娱乐业等内容供应商之间也存在矛盾，互相制约。正是这种决策上的失误，导致了美国宽带业务发展缓慢。

人生没有笔直的路

原文：曲成万物而不遗。

释义：这个"曲"字，是非常妙的，老子有一句话"曲则全"，有人说读了《老子》会变成谋略家、阴谋家，很厉害。因为老子告诉我们不要走直路，走弯路才能全，处理事情转个弯就成功了。如小孩玩火，直接责骂干涉，小孩跑了，但用方法转一个弯，拿一个玩具给他，便不玩火了，这是曲则全。老子这个"曲"字的原则，即是从《周易》这里来的，孔子也发现这个道理。

释例：因为研究《周易》就知道宇宙的法则没有直线的，现代科学也证明，到了太空的轨道也是打圆圈的，所以万物的成长，都是走曲线的。

人懂了这个道理，就知道人生大直了没有办法，要转个弯才成。现在讲美也讲求曲线，万事万物，都没有离开这个原则。

也许有些人不认同这个说法。这也难怪，我们在现实生活中也确实看到许许多多不循此理，却走得似乎很顺的人。于是当我们的人生出现曲折的时候，就有人因此可能怀疑人类至高无上的良心，怀疑是不是良心捉弄了自己的一生。甚至还有人抛出"良心能当钱花还是能当饭吃？"的"人话"。有此感慨的人无疑是在抛弃或出卖良心的同时得到了些许的眼前利益，因而足足认为良心的一文不值。

是的，应该说当你出卖了良心的时候，良心就会一文不值；而当你守住良心的时候，良心就会变得价值连城。这看似矛盾的辨证道出了做人的道理。不要狭隘地让出卖良心得来的一丁点利益充斥了眼睛。

放眼望一望，垂首想一想，你会觉得，在得到一些不该得到的东西之后，你或许意识到，本来属于自己的不应该失去的东西却忽然间丢失得使你扼腕痛惜，追悔不已。由此带来的是良心的自责、社会的遗骂、环境的驱逐和命运的萎缩。这样的代价就远没有守住良心的人在人生路上哪怕是坎坷、还是跋涉那样活得自如、活得潇洒。

人生没有一帆风顺的人生，路也没有严格意义上的笔直的路。所谓一帆风顺，不过是人们祈愿在人生曲折的旅程中能够划过几道美丽的流星。一切高美都与曲线分不开。

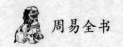

人生的美丽也正是在曲折中才可能闪耀出几点闪闪烁烁的灵辉。曲折与人生紧紧相随，我们或许刚刚走出了曲折看到了平坦，也或许刚刚走过了平坦就又面临着新的曲折。但我们不要怀疑这是良心的捉弄，而要坚信这是人生对我们良心的一种内在考验。

因为人生与良心是内在统一的，有了好的良心才会有好的人生，相反，有了好的人生观自然会有公正的良心。真正受到良心捉弄的人是那些抛弃或出卖良心的人。守住良心的人就永远有一颗好心在伴随着，有好心伴随的人，不论在坦途、还是在弯路，总会感到自己走的是有滋有味的人生。

应该承认，人的良心其实是很脆弱的，不要说被利益收买，有时候哪怕是一点点不知道什么风吹草动，就能把它吹动得风雨飘摇、无所适从，甚至被揪扯得支离破碎，难以复初。良心的珍贵大概也正在于此。人类对良心的尊崇也正在于坚守良心的艰巨。

从某种意义上说，守住良心的人就稳住了自己人生的航向；而失去良心的人，人生的航向则会变得茫然无从。茫然无从的人最终还得去寻找丢失的良心。让我们每个人都坚强地守住自己的良心，让我们每个人在良心

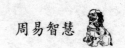

的护佑下都沿着自己人生的航向走出潇洒、稳健、幸福的人生。

仗义执言，还是"好好先生"

原文： 贲其趾，舍车而徒。

释义： 装饰打扮脚趾，舍弃车辆徒步行走。

释例： 正确就说正确，错误就说错误，这种行为叫做正直。

天下之事，纷纷扰扰，事事交织，事事纠缠。也许人在这件事上可以正直，可在另外一件事上不能正直。不是人不明白事理，而是人不能明白事理；不是人不正直，而是人不懂得正直。就这样，世界变得复杂了。

人人佩服正直，理解正直。佩服是因为自己不敢正直，理解是因为自己不能正直。在没有英雄的年代里，沉默成了最大的智慧。

狄仁杰是唐高宗李治朝中的大臣，曾任大理丞。一次，有两个武官误砍昭陵（李世民墓）的柏树，按律应削职为民，而唐高宗却意气用事，下令斩首。

按理说，皇帝的金口玉言臣民都应当执行，可是

狄仁杰却不肯执行。他说："此二人所犯不是死罪，不应该杀头。"李治说："他们竟敢砍昭陵之柏，我若不杀他们，就是不孝。"

狄仁杰仍极力坚持不能处以死刑，李治十分恼火，命令他出去。狄仁杰说："犯颜直谏，自古以来都认为是很难的事。臣以为若遇上夏桀、商纣那样的暴君，那自然很难；但若遇上唐尧、虞舜那样的贤君，其实很容易。现在，按照法律来说两人并没有犯下死罪，陛下却下令斩首，这是使大唐的法令失信于天下。这样一来，人们将手足无措。如果因一棵柏树而杀两名武官，后代将如何看待陛下？臣所以不敢接受这样的命令，是担心使陛下陷于不道的境地！

高宗听了，冷静下来想了想，觉得很有道理，于是收回自己的成命，同意狄仁杰的意见，按法令把两名武官削职为民，流放到岭南。过了几天，高宗提升狄仁杰为侍御史。

在狄仁杰身上体现出一种崇尚光明磊落、襟怀坦白的高尚品质。今天，有些人由于经验不足、思虑不足，偶尔会说错一两句话，但这并不要紧，只要是为了正义，敢于仗义执言，即使说的不尽善尽美，也不能与那些少说为佳、明哲保身的"好好先生"同日而语！

东汉时期，有个名叫司马徽的人，很善于识别人才。但由于当时政治斗争十分尖锐复杂，他就装糊涂，别人无论和他讲什么事，不管是好是坏，他都回答"好"。

有一天，他在路上碰到一位熟人。那人问他身体怎样，一向安好吗？他回答："好"。

又有一天，有个老朋友到他家里来，十分伤心地谈起自己的儿子死了。谁知司马徽也回答："好！"那个朋友走后，司马徽的妻子就责备他说："人家以为你是讲道德的人，所以相信你，把心里话讲给你听。可是你听人家儿子死了，反而说好，这算什么？"司马徽不紧不慢地说："好！你的话太好了！"他的妻子又好气又好恼，哭笑不得。

后来人们常用"好好先生"来形容那些是非不分，不敢得罪人，只求平安无事的人。

"好好先生"奉行的是好人主义，是一种消极庸俗的处世观，其要义是"言多必失"。那么，怕"失"什么呢？当然是个人的私利。由此可见，公心和私心之间判若鸿沟，是难以作比的。所以司马迁先生早就为我们

留下一句名言："千人之谎谎，不如一士之谔谔。"

该出手时才出手

原文："初九，潜龙勿用。"

释义：初九，龙尚潜伏在水中，养精蓄锐，暂时还不能发挥作用。

释例：古人常用龙来比喻人才、名人、伟人，《易经·干卦》以龙作为喻体，比喻人的成长需要经历"潜龙"、"见龙"、"飞龙"、"亢龙"这些过程。只有在这种长期的磨炼中，才能体现出"自强不息"、"终日干干"、"与时偕行"的德性。

孔子解释道："龙在这里是处于隐居状态的，有才有德的人的化身。有才德的人操守坚定，他不会去随波逐流，也不在乎什么声名。隐居世外而心志怡然，嘉言懿行纵然不为世人所闻也不会烦闷懊恼。合乎正道的乐事他尽心去做，背理逆情的勾当则断然不为。——纯正的德性无意于闻达，坚定的操守从不动摇；这就是处在潜伏状态的龙的本色。"

龙的精神是看不到的，不会完全给人看见的，一个人如道家老子说的功成名遂身退。帮忙了人家，人家还不知是谁帮了忙，就是"龙德而隐"的道理。一个人做到社会外界环境尽管变，自己不易乎世，不受外界变的影响，自己有坚定独特的思想，也不要求在外面社会上成名（孔子、老子、庄子都走这条路线），不成乎名。

当这个世界不能有好的时候，自己隐退了，不求表现，亦不求人知，默默无闻，而不烦闷，真的快活、乐观，不让忧烦到心中来，更重要的是这种精神能坚定不移，确乎其不可拔，毫不动摇，这就是潜龙。

"潜龙勿用"的勿字是表示原来有无比的价值，并不是不能用，亦非不可用，而是自我的不去用。

"潜龙勿用"，不该动时最好不要动，该出手时才出手。诸葛亮尚在南阳高卧的时候，自称卧龙先生，这就表示他抱负不凡，自己认为是潜龙，这也是人生的修养，也是《论语》上孔子说的"不试故艺"。

记得我的一位导师说过：如果你这一辈子想干点什么事情，那么你就要清楚自己的三个"什么"，就是你要什么，你有什么，你能放弃什么？她说这是一个人成功的基本因素，它的内涵对我影响颇深。

每个从小到大，都会有从初始到最终的经历，而最

初的经历，又往往对人生的影响极大，所以古人说："慎其所始"，就是这个道理。

想当初诸葛亮隐于隆中，自称卧龙先生，这就表示他抱负不凡，自己认为是潜龙，这也是人生的修养，"每自比管仲、乐毅，好为《梁父吟》"。这是什么道理？"每自比管仲、乐毅，"就是有用世之心。"好为《梁父吟》"，就是对入世的小心谨慎。因为在《梁父吟》中，抒发的是对晏子"二桃杀三士"的感叹！表达了诸葛亮对"良臣择主而仕"的心愿。

一个人最初进入社会，一切刚刚开始，既没有地位，也没有经验，而且也缺少深厚的学问，一个人在这样的情况之下，就很难有大的作为。虽然想用拚搏竞争的手段去取得成功，但如果时机不对，考虑不周，以及才能不够，往往会事与愿违，遭致失败。

所以干卦的初爻告戒说："潜龙勿用"。劝人如果时机不到，最好静以待时，修养学问，以便将来才能充足，一举而起。即使没有机会，不能够青云直上，也不必因此而丧失生活的信心，生活是美好的！不是只有富贵的生活才有滋味。劝人千万不可盲目行事，希图侥幸，也千万不可因为一时的失败，灰心丧气！如果为了

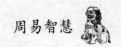

一些小事，而跳楼吸毒，那可就太不象样子了！

该出手时才出手，生活告诉我们应学会等待，等待出手的时机。

在生活中我们经常会碰到这样的事情，有些美好的东西本来是我们如痴如醉的追求的，它可以给我们的生命带来新的活力，使我们达到人生的某种辉煌。我们唯一需要做的就是付出一点等待，但是由于各种各样的原因，最后我们却放弃了它们，我们的生活也因此而走上了一条不归之路。

曾经有这样一句话使我感动了好长一段时间：等待是痛苦的，能够等待却是幸福的。是的，能够等待何尝不是一种幸福？

我们需要做的无非就是要学会等待，学会对自己保持一份始终不渝的信心。生活中难免会有风雨雷电，难免会有山崩海啸，但是风雨之后或许就是温馨，黑夜之后就有白昼，山崩海啸之后会有平坦和宁静。关键是我们要付出一份耐心和坚毅，不要让迷雾蒙住了我们眺望远方的眼睛。

我们要学会等待，学会以一种淡泊的心境去面对生命的得失和所谓的事业上的成败。山峰再高，总有通向

顶点的道路；大海再宽，总有走出水域的航线。所谓谋事在人，成事在天。付出努力，付出等待，一切都会好的。

一次等待就是一次生命的进击，一次等待就是一次生命的超越。是等待构成了我们精神的生命，唤醒了我们对世界的梦想。

学会等待，实际上是学会珍惜自己，珍惜生命对我们的馈赠！

等待是痛苦的，能够等待是幸福的；学会等待同样是幸福的。

人的一生就是一个等待的过程。不管你在意不在意，人活着，等待就跟着你生命的脚步在走。在等待理想的实现，在等待真挚的友谊，在等待醉人的爱情，在等待地位和金钱以及那可以言说或不能言说的人生中的种种。

一个又一个，一次又一次的等待就这样贯穿了人的一生。你必须坚持这些等待，除此而外，你别无选择。等待充满了时间，等待充满了空间。

等待很美。在那些漫长的永无尽头的等待中，你用美好的理想和纯情的目光装扮每一个平平淡淡的日子；

你用梦幻的花香，熏染一个接一个的明天；等待让你充满了柔情和憧憬，等待也会给你一种美妙的牵挂；或许你要等待的东西在一夜梦醒后的晨晖中悄然来临，这样的等待，很美！

等待很苦。有时候常常流溢着寂寞和孤独，等待常常让你焦躁不安，等待让你忍受你想或者不想，你该或者不该，你能或者不能忍受的一切；或许这种等待会是你永远望眼欲穿的期盼，这样的等待，很苦！等待交织着汗水和泪水，等待交织着美善与丑恶，等待交织着平庸与崇高，等待交织着成功和失败，等待交织着苦痛与欢乐，等待交织着温馨与孤独，等待交织着忘却和怀念。

滚滚红尘，开始于等待。红尘滚滚，结束于等待。几乎每一天都有人问你，你或许也同样在问别人：在等谁？等什么？有时你能回答的出来，但更多的时候，你却回答不出。或许你根本就不知道自己在等谁或者在等什么以及为什么等，但你一定知道你一直在等。

人的一生就是一个等待的过程，当你放弃了等待的时候，就意味着你放弃了希望，放弃了人生的一切。品味等待，为了你短暂而又漫长的一生。学会等待，为了

你艰辛而又美丽的一生。给自己一点耐心吧，其实等待也是美好的。

中国有句谚语"欲速则不达"，法国谚语有"必须懂得等待"，而我们老百姓有句俗话"心急吃不得热粥"。学会等待是这些话里面的真谛。就如同我们的人生，小学等待上中学，中学等待上大学，大学等待获得不错的职业、美满的婚姻……人生是一条长长的链子，"等待"就是各个环节链子上的纽带。

所以处世要象龙一样尚潜伏在水中，养精蓄锐，暂时还不能发挥作用，是因为此爻位置最低，阳气不能散发出来。

用温柔弥合分歧

原文：贯鱼，以宫人宠，无不利。

释义：鱼贯而入，像率领内宫之人顺承君主那样得到宠爱，就不会有什么不利的情况发生。

释例：对你来说，如果有一位朋友是一个不可理喻的人？不管你如何努力向他解释自己的处事方法，他一概不理，指定要你依照他的方法处事。只要是违逆他的意思，他便暴跳如雷，令你精神紧张，心烦意乱，对他感到厌倦，甚至想过以断交作为无声的抗议，逃避朋友的"迫害"。

怎样才能令这种顽固的朋友改变性格，事事愿意聆听你的意见，大家好好交往？以下有些忠告，你需要辅以耐心，按部就班一一尝试。

不要以为自己的处理方式及建议一定正确，你与这位朋友谈话时语气须温和，态度客观，不妨多作让步。

人人都有自己的意见，但是殊途同归，大家都是把共同的利益放在首位。与他和平共处，使分歧的意见得到协调，是你的职责；当你提出自己的要求建议

李隆基像，出自明·天然撰《历代古人像赞》。李隆基即唐玄宗，他开辟了"开元盛世"，使唐朝走向极盛。然而他在任期间，发生了安史之乱，使唐朝由盛专衰，应验了"莫到琼楼最高层"之说

153

时，首先冷静地想想：究竟是谁需要谁从旁协助？谁是主？谁是副？

在环境许可的情况下，尽量避免在公共场合跟他展开激烈的争辩，应该在事后请他到附近的餐厅喝杯咖啡。在轻松的环境下，把你的看法委婉地提出来；

你要专心聆听他的说法，避免抢先表达自己的意见。他可能也有难言之隐，你应该学习替人设身处地地想一想；摒除成见，不要以为这位必定是个难缠的人，尽量与他成为好朋友。

莫到琼楼最上层

原文：亢龙有悔。

释义：经文本意告诫人们不要无限度地盲目追求成功，追求名利，要实事求是，居安思危，自我警觉。虽然我们的才能有超常发挥的可能，但并非无条件地超常发挥，如果忽视了客观实际，仅凭主观盲动，只能造成追悔莫及的后果的。

释例：所以，当一个人的成就发展到巅峰时，其本人和用人者都要保持清醒的头脑，既要能看到成功的一面，也要能看到不足或遗憾的一面，只有正确面对现实，及时发现了不足，才不至于让错误的东西也跟着发展，当疵病和错误尚未显示出负面影响时，及时抑制住，是明智之举；反之，如果让疵病和错误搭快车飞腾，势必使之扩大和铸成"悔恨"。

人的年龄到了那个高位，到处叫他老公公，到处请他上座，这就到了亢龙有悔。这里的悔不是后悔的悔，是晦气的晦，到这个时候倒媚了。换句话说，就是万事不要做绝了，做到了顶，对不住，有悔，保证有痛苦，烦恼跟着来了。看历史上唐玄宗多么好，后来到让位给他儿子，就是很惨的局面。

人不要坐到最高位，换句话说，做人也不要做得太高明了，做得太高明了不好玩的，贵到没有位置好占。有的人，学问、人格、仪表都好，可是太贵了，贵而到了无位，连一个科员的位置都得不到。高到极点，下面没有干部了，或者说天下人都是干部，可是天下人都不敢说话，有意见都不敢发表，这就讨厌了，到这时就到了亢龙的境界，这时即使是好的，也会被打下来了，自己左右没有人来帮助。

天地间舒服到极点，就要出毛病，有人说某人作恶

多端，却过得蛮舒服，而我们循规蹈矩，生活却苦得很，报应在哪里？但中国人有句话："天将得厚其福而报之。"也等于基督教讲的："上帝要毁灭一个人，先使他发狂。"使他得意到极点，快点恶贯满盈，走到头了，跌下来，所以养到极点，罪恶、浪费、奢靡到了极点，就会出问题，所以颐养的卦下来，就是大过。

现代史上众所周知的国民革命成功后，孙中山先生"推位让国"，由袁世凯来当中华民国第一任大总统。结果，他却走火入魔，硬要作皇帝，改元"洪宪"。一年还不到，袁大头就身败名裂，寿终正寝，所留下的，只有一笔千秋罪过的笑料而已。

袁世凯个人的历史，大家都知道，他的为人处事，素来便犯老子的四不——自见、自是、自伐、自矜，原不足道。《红楼梦》上有两句话，大可用作他一生的总评："负父母养育之恩，违师友规训之德。"袁；世凯的两个儿子，大的克定，既拐脚，又志在做太子，继皇位，怂恿最力。老二克文，却是文采风流，名士气息，当时的人，都比袁世凯是曹操，老二袁克文是曹植。我非常欣赏他反对其父老袁当皇帝的两首诗，诗好，又深明事理，而且充满老庄之学的情操。

156

想不到民国初年，还有像袁克文这样的诗才文笔，颇不容易。袁克文是前辈许地山先生的学生，就因为他反对父亲当皇帝，作了两首极其合乎老子四不戒条的诗，据说惹得袁世凯大骂许地山一帮人，教坏了儿子，因此，把老二软禁起来。我们现在且来谈谈袁克文的两首诗：

乍着吴棉强自胜，古台荒槛一凭陵。

波飞太液心无住，云起魔崖梦欲腾。

偶向远林闻怨笛，独临灵室转明灯。

剧怜高处多风雨，莫到琼楼最上层。

起首两句便好，"乍着吴棉强自胜，古台荒槛一凭陵"。吴棉，是指用南方苏杭一带的丝棉所做的秋装。强自胜，是指在秋凉的天气中，穿上南方丝棉做外衣，刚刚觉得身上暖和一点，勉强可说好多了！这是譬喻他父亲袁世凯靠南方革命成功的力量，刚刚有点得意之秋的景况，因此他们住进了北京皇城。

但是，由元、明、清三代所经营建筑成功的北京皇宫，景物依稀，人事全非，那些历代的帝王又到哪里去了！所以到此登临览胜，便有占台荒槛之叹。看了这些历史的陈迹，人又何必把浮世的虚荣看得那么重要！

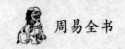
"'波飞太液心无住，云起魔崖梦欲腾。'华池太液，是道家所说的神仙境界中的清凉池水。修炼家们，又别名它为华池神水，服之可以祛病延年，长生不老。袁克文却用它来比一个人的清静心脑中，忽然动了贪心不足的大妄想，犹如华池神水，鼎沸扬波，使平静的心田永不安稳了。

跟着便说一个人如动心不正，歪念头一起，便如云腾雾暗，蒙住了灵智而不自知。一旦着了魔，就会梦想颠倒，心比天高，妄求飞升上界而登仙了。

"偶向远林闻怨笛，独临灵室转明灯。"这是指当时时局的实际实景，他的父兄一心只想当皇帝，哪里知道外界的舆论纷纷，众怨沸腾。但诗人的笔法，往往是"属词比事"，寄托深远，显见诗词文学含蓄的妙处，所以只当自己还正在古台荒槛的园中，登临凭吊之际，耳中听到远处的怨笛哀鸣，不胜凄凉难受。

因此回到自己的室内，转动一盏明灯，排遣烦恼。明室、灵灯，是道佛两家有时用来譬喻心室中一点灵明不昧的良知。但他在这句上用字之妙，就妙在一个转字。"转明灯"，是希望他父兄的觉悟，要想平息众怨，不如从自己内心中真正的反省，"闲邪存正"。

"剧怜高处多风雨，莫到琼楼最上层。"最后变化引用苏东坡的名句："琼楼玉宇，高处不胜寒。"劝他父亲要知足常乐，切莫想当皇帝。袁世凯看了儿子的诗，赫然震怒，立刻把他软禁起来，也就是这两句使他看了最头痛，最不能忍受的。

另一首：

> 小院西风向晚晴，嚣嚣恩怨未分明。
>
> 南回孤雁掩寒月，东去骄风动九城。
>
> 驹隙去留争一瞬，蛋声吹梦欲三更。
>
> 山泉绕屋知深浅，微念沧波感不平。

这起首两句，"小院西风向晚晴，嚣嚣恩怨未分明。"全神贯注，在当时民国成立之初，袁世凯虽然当了第一任大总统，但是各方议论纷纷，并没有天下归心。所以便有"嚣嚣恩怨未分明"的直说。所谓向晚晴，是暗示他父亲年纪已经老大，辛苦一生，到晚年才有此成就，应当珍惜，再也不可随便乱来。

"南回孤雁掩寒月，东去骄风动九城。"南回孤雁，是譬喻南方的国民党的影响力量，虽然并不当政，但正义所在，奋斗孤飞，也足以遮掩寒月的光明。东去骄风，是指当时日本人的骄横霸道，包藏祸心，应当特别

注意。

"驹隙去留争一瞬，安声吹梦欲三更。"古人说，人生百岁，也不过是白驹过隙，转眼之间而已。隙，是指门缝的孔阅。白驹，是太阳光线投射过门窗空隙处的幻影，好比小马跑的那样快速。这是劝他父亲年纪大了，人生生命的短暂，与千秋功罪的定论，只争在一念之间，必须要作明智的抉择。留声吹梦，是秋虫促织的鸣声。欲三更，是形容人老了，好比夜已深，"好梦由来最易醒"，到底还有多少时间能做清秋好梦呢？

袁世凯是该学一学老子提倡的"与世无争"的思想。

人生来就有欲望。婴儿最初的吸饮和被爱抚，有意识后的被重视和炫耀、对名权富贵的追求以及长生不老的贪求。欲望是自身成长和强大的的基本动力，没有欲望的人往往会被现实社会过早淘汰。但过度的欲望又是人自身烦恼的原因和人们相互伤害的根源。幸福时求长久，不幸时想升天，这注定了烦恼人生。

与世无争是人们从欲过后的主动选择或无能为力时被动无奈的结局。前者所求人人都是一条龙，群龙无首的境界，后者显现的是贫瘠的荒凉。人人向往的是永恒的辉煌，或者是曾经辉煌后的安稳平淡。爱我所爱的人与世无争，一人之下万人之上的人与世无争。与世无争的人享受的是一种超然的雅致和随心所欲，并带有悠然自得的魅力。

放弃世人追逐的最大利益，拥有世人欲求恐得的别致，用你天生的才气开创一片属于自己的自由王国。你的追随者是甘心情愿的、心满意足的，他们感到的是平等、尊重、自由和爱。你的森林洋溢着轻松、快乐和闲适。

一樽酒，两簋饭

原文：樽酒，簋贰，用缶，纳约自牖。终无咎。

释义：一樽酒，两簋饭，用瓦缶盛着进献，礼虽然很轻，然而却充满了深厚的情意，正大光明地表示诚信，最终不会发生灾祸。

释例：古人有一句名言："卑让，德之甚。"所谓卑让是压低自己的地位去屈就对方，这就是"处世"的根本。刘备本身所具备的德就是这种卑让的态度，其中又可分为两个方面，即谦虚和信赖。

　　《三国演义》中把刘备描写成一个大好人，评价与曹操完全相反。不过，若从个人能力上来观察，刘备是一个无能之辈。曹操参战的获胜率为八成，而刘备只有两成，可以说是败多胜少。结果曹操顺利地扩充势力，而刘备却时沉时浮，举兵二十年后仍毫无建树。这种结果实属必然，因为刘备不仅作战能力低下，而且政治手腕同样拙劣，故难有成就。

　　既然如此，曹操为什么会将能力远不如自己的刘备视为最强的对手呢？根本原因在于刘备拥有一种足以弥补个人能力不足的秘密武器。这种武器不是别的，是用人，如果把"善于"作为一种"德"，那么，刘备便是靠这仅有的一德而显其贤能。

　　譬如有名的"三顾茅庐"的故事，刘备为了聘请诸葛亮为军师，不惜三次亲自到诸葛亮的茅屋去请他。当时两个人地位相差悬殊，刘备虽然在争霸的过程中不太顺利，但是也颇有名望。而且刘备当时已年近五十，而孔明却是个二十岁出头的无名小卒。刘备竟然会特地三次造访孔明，以最崇敬的态度请求孔明做他的军师。以至在孔明应允之后，又马上将全部作战计划等国家大事都委任于他，这实在是最彻底的谦虚态度以及深切的信赖。

现在很流行"低调做人"的说法，其实就是"卑让"

日本人赚钱有个三字诀，即"低、感、欣"。

"低"即低姿态，见了顾客后要保持低姿态，主动降低自己的高度，鞠躬行礼；

"感"即感谢，顾客是给你送钱来的，是看得起你，你要对他表示万分感谢；

"欣"即微笑，对顾客要面带笑容，给顾客一个美好的软环境。

这里只谈一谈——低调做人，高调做事。

低调做人，并不是什么事情都退在后面，自己的利益被别人剥夺强占也不发任何声音，自己的人格被别人侮辱也不反抗，这不是低调，这是懦弱。低调做人，是不要太招摇，不要有点钱或有点小本事就拿出来显摆，什么事情自己心中都要有数，要清楚，自己有本事慢慢拿出来用，在别人最需要的时候拿出来用，乐于帮助别人，为别人服务。你不帮助别人，等你需要帮助的时候就没有人来帮助你，你不为别人服务，不知道怎样得到你为其服务的人的认可，什么时候才会有人为你服务？

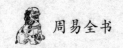

　　高调做事，也不是喊着口号扛着红旗让满世界的人都知道你要做什么，而是你对自己所做的事情看的很透彻，把握其根源和关键，在自己有把握的时候以一种很高很专业的姿态去做，漂亮的做好做成功。当然，你要是没有把握还是先在家里好好琢磨琢磨，再找人商量商量，请教请教，如果还是没有完全的把握，那你就尽力去做，出了问题自己尽力去解决。

　　低调做人都拥有谦虚的低姿态，对于生意人来说具有特别的意义，即所谓和气生财。

　　美国石油大王洛克菲勒说："当我从事的石油事业蒸蒸日上时，我自始至终晚上睡觉，总会拍拍自己的额角说：'如今你的成就还是微乎其微！以后路途仍多险阻，若稍一失足，就会前功尽弃。切勿让自满的意念，搅昏你的脑袋，当心！当心！'"这句话的意思就是劝说人们要有谦虚的低姿态，尤其在稍有成就时应格外当心。

　　人们大都会有这么一种想法：愈是谦逊的人，你愈是喜欢找出他的优点来推崇；愈是把自己的所作所为看成了不起，孤傲自大的人，你愈会瞧不起他，更喜欢找出他的缺点，加以全力攻击。洛克菲勒正是明白这个道理，才说出这番话，并且从中获益的，因为经过一番警惕后，因小有所成而引起的过度兴奋的情绪，便可平静了。

李开复说，并不是说你显现出一定能力就不可一世了，这个世界上没有绝对"完美"的人才！事实上也是如此，没有一个人能够有骄傲的资本，谁也不能够认为自己已经达到了最高境界而停步不前、而趾高气扬。如果是那样的话，则必将很快被同行赶上、很快被后人超过。

比尔·盖茨就是一个非常低调的人。比如他经常在演讲结束后，请撰写演讲稿的人分析一下他的演讲有哪些不足之处，以便下一次改进。比尔·盖茨可以说是从低调中获利最大的人。

很多年前，在 Windows 还不存在时，他去请一位软件高手加盟微软，那位高手一直不予理睬。最后禁不住比尔·盖茨的"死缠烂打"同意见上一面，但一见面，就劈头盖脸讥笑说："我从没见过比微软做得更烂的操作系统。"

比尔·盖茨没有丝毫的恼怒，反而诚恳地说："正是因为我们做得不好，才请您加盟。"那位高手愣住了。

盖茨的谦虚把高手拉进了微软的阵营，这位高手成为了Windows 的负责人，终于开发出了世界最普遍的操作系统。

低调的好处实在太多了，所以真正懂得低调真髓的人，无疑是一个高智慧的人。低调的人虚怀若谷，就像海绵体一样，无时无刻不在吸收外来的信息和知识，不断地充实着自己的内在，当那些高傲的人在不知不觉中流失养分的时候，低调的人就是最大的赢家。

低调的人同时也是一个最容易和"机会"对上眼的人。因为低调的人不会自我设限，总是觉得自己有所不足，所以会敞开心胸来迎接各种可能，当然就不会错过好的机会。

表面上看起来，低调的人似乎不够活跃无法抢到得分的好位置，但是实际上却早已成为胜券在握、收获最多的人。

易经上说：上天总是对傲慢的人看不顺眼，而对低调的人给予利益。金钱就像流水一样，由高处往低处流，愈到下游，覆盖的面积愈大，土地也愈肥沃。赚钱的情形就是这样。采取低姿态，谦虚、满怀感谢之心的人，金钱会顺流向他而去。愈是有涵养、稳重的君子，态度愈谦虚；相反的，毫无内涵、轻薄的小人，态度愈骄傲。

在秦始皇陵兵马俑博物馆，人们可以看到了那尊被称为"镇馆之宝"的跪射俑。这跪射俑被称为兵马俑中的精华、中国古代雕塑艺术的杰作。

秦兵马俑坑至今已出土清理各种陶俑1000多尊，除跪射俑外，皆有不同程度的损坏，需要人工修复。而这尊跪射俑是保存最完整的、惟一一尊未经人工修复的。

仔细观察，就连衣纹、发丝都还清晰可见。跪射俑何以能保存得如此完整？人们说，这得益于它的低姿态。首先，兵马俑坑都是地下道式土木结构建筑，当棚顶塌陷、土木俱下时，高大的立姿俑首当其冲，低姿的跪射俑受损害就小一些。其次，跪射俑作蹲跪姿，右膝、右足、左足三个支点呈等腰三角形支撑着上体，重心在下，增强了稳定性，与两足站立的立姿俑相比，不容易倾倒、破碎。因此，经历了两千年的岁月后，它仍能完整地呈现在我们面前。

乍一看，"低姿态"给人以懦弱和畏惧的感觉，可事实并非如此，有时候，适当的低姿态，是一种处世之

道，是一种聪明之举，是人生的大智慧、大境界。它可以让你避开无谓的纷争，可以更好地保全自己，发展自己，成就自己。正如老子说，当坚硬的牙齿脱落时，柔软的舌头还在，柔软胜过坚强，无为胜过有为。

穷寇勿追　见机而作

原文：六三，即鹿无虞，惟入于林中，君子几，不如舍，往吝。象曰：即鹿无虞，以从禽也，君子舍之，往吝，穷也。

释义：这个卦讲到这里又不同了，又像武侠小说了。先就字面上解释，"即"是半虚半实的字，鹿是头上有角的兽，这是大家都知道的，有些后来的《周易》，说这个字是山麓的"麓"，说是山脚下的一排森林，好多家都在争论这个字。虞，是古代的官名，虞人是农林部的管理员，近似现代美国的天然动物公园的园长，或农林畜牧厅长。这里叙述的，等于一幅打猎的画面，一队猎人到了山边有一排森林。

释例：我们中国武侠小说常写道："逢林不入，穷寇莫追。"追敌人追到树林里了，不要追进去，恐怕里边有埋伏。这里是说打猎到了山脚的树林边，没有山林管理员带路，不能追进去。"君子几"，有知识的人，碰到这种情形，自己要有智能，要机警了，不要硬闯，钻进去了说不定要送命。"几"像电气开关，一进一退，要在一念之间下判断，所以要"舍"，不要进去了。"往吝"，如果进去了，一定倒霉。

据我的研究，还是"鹿"字对，谁教我们加一个"林"在上面？就是打猎，看到一只鹿，拼命追到山边一个树林中钻进去了，何必加上一个"林"字，自找麻烦。"即"就是追赶，"即鹿"就是追赶鹿，赶到一个地方，像部队作战一样，地区地形一点都不熟，没有向导，结果这一只鹿钻到树林里了，这个情况更不利，与其这样，就应该知机警惕，不如放弃它。

这就告诉我们，在人生中看到一个猎物，本来可以拿到的，可是只差那么一点点就拿不到，而这一机会跑掉了，情况不明，如果还拼命去抓，不必用《周易》的道理，试想它的后果，不要周公、文王、孔子，不必靠鬼神，一个有智能的人就知道，勉强地前进，最后便很难说了。吝就是悭吝，不是好现象，艰难困苦都来了。

我们看这个卦象，前进是阴爻，黑暗的；退回来有阳爻，是光明，这就是孔子在干卦中告诉我们的，人生

最大的哲学是在"存亡"、'"进退"、"得失"这六个字。

一个最高明的人，就是在这六个字上做得最适当，整个历史的演进也是在这个字之间，该进的时候进，该退的时候退，如果在这些地方搞不清楚，就太没有智能，太不懂人生，也太不懂做事了。

照上面我们的观念来看孔子的象辞，便完全通了。"即鹿无虞，以从禽也"，就是打鹿没有向导。"以从禽也"，飞的为禽，走的为兽，中国文字并不是呆板的，古文里"禽"与"擒"有时候固然通用，但古人硬把这里的"禽"字解释为"擒"的意义，在此并不十分恰当的，禽就是禽。"以从禽也"，让它飞掉，不是很简单吗？又何必着书立说、硬讨论一番？

为了这一个字，有几百字的文章加以注解，可以拿博士学位，东抄西拉的，千古名言，由孔子说起，说到将来的世界，都抄上去了，这样似乎教人不忍心不给他学位；但如果真给了他学位，又觉得对不起上帝，因为这些说法太不像话了，为什么不好好做人，去找这么一个东西去分析，这也太可怜了，像这样的著作太多了。

这里我认为"以从禽也"就是让它飞了的意思，因为孔子说过"鸟兽不可以同群"，欲高飞的让它高飞，欲奔走的给它奔走。

我是一个人，既不想高飞远走，只守住人的本位这么做，这是孔子在《论语》上说过的，把那个观念和这里一配，就很平淡。"君子舍之，往吝穷也"，孔子说碰到这种情形，只好放弃，勉强的前进一定不好，结果弄到自己穷途末路。

我们见到许多朋友做生意、做事业，往往因为不信邪，非要奋斗不可，其实没有道理的硬闯不叫作奋斗，最后"往吝"，发生困难，困难以后，还不回头，遂造成了穷途末路。

穷寇勿追，见机而作，也告诉我们做事不要太绝。给别人留条后路，也是给自己留条活路。

有这样一则寓言：有一天，狼发现山脚下有个洞，各种动物由此通过。狼非常高兴，它想，守住山洞就可以捕获到各种猎物。于是，它堵上洞的另一端，单等动物们来送死。

第一天，来了一只羊，狼追上前去，羊拼命地逃。突然，羊找到一个可以逃生的小偏洞，从小洞仓皇逃窜。狼气急败坏地堵上这个小洞，心想，再也不会功败

垂成了吧。

第二天，来了一只兔子，狼奋力追捕，结果，兔子从洞侧面的更小一点的洞里逃生。于是，狼把类似大小的洞全堵上。狼心想，这下万无一失，别说羊，与兔子大小接近的狐狸、鸡、鸭等小动物也都跑不了。

第三天，来了一只松鼠，狼飞奔过去，追得松鼠上蹿下跳。最终，松鼠从洞顶上的一个信道跑掉。狼非常气愤，于是，它堵塞了山洞里的所有窟窿，把整个山洞堵得水泄不通。狼对自己的措施非常得意。

第四天，来了一只老虎，狼吓坏了，拔腿就跑。老虎穷追不舍。狼在山洞里跑来跑去，由于没有出口，无法逃脱，最终，这只狼被老虎吃掉。

对这一案例，各界人士说法不一。

哲学家说：绝对化意味着谬误。

宗教家说：堵塞别人生路意味着断自己的退路。

环境学家说：破坏原生态及其平衡者必自食其果。

经济学家说：预算和计划都要留有余地。

军事家说：除非你是百兽之王，否则，别想占有整个森林。

法学家说：凡规则皆有例外，恶法非法。

政治学家说：绝对的权力导致绝对的腐败，绝对的腐败必然导致彻底的失败。

渔民说：一网打尽，下一网打什么？

农民说：不留种子就是绝种绝收。

陈仓说：善待别人，善待环境，便是善待"狼"类自己，绝人者自绝。

总之，人的生存与发展，依赖于千丝万缕的社会关系，所以无论做什么事都不要做得太绝，得为自己留一条后路。

本寓言里的狼发现了一个山洞，各种动物由此通过，为了捕获各种动物，狼把这个洞里除洞口外的所有信道都封死了，却不料将自己陷入万劫不复之地，成了老虎口中的美食。灭人者终自灭。"竭泽而渔"，"杀鸡取卵"，古而有之。

而现在人们为了满足自己的需求，滥砍滥伐滥采，过度开采，终将受到大自然的惩罚，这与寓言里的狼又有何差别？

在与人交往中，一些人为了谋求个人利益，在别人背后放暗箭，中伤别人，甚至于在别人处于逆境时落井下石，这是在破坏自己的人脉。一个人无论多么成功，

也不能担保自己没有倒霉的时候，那时，还有谁会向你伸出援助之手？

所以得饶人处且饶人，留条活路给别人，也是在给自己留一条后路。

成人之美，亲近有加

原文：需于酒食，贞吉。

释义：等待酒食美味，守持中正，吉祥。

释例：在社交场合中一般有这样一条俗定约成的游戏规则：你答应与某人合作，或答应接受某人的请求时，也会欣然接受对方的宴请，否则，你是不能轻易入席的。"无功不受禄"，不为人办事，不答复人家的请求，是不能轻易端人家的酒杯的。也就是说，端起酒杯就是一种承诺和允可。

当然，这只是一种比喻而已，现实中并非事事都如此。意思是说，能成人之美时，当慨然为之。

你的助手要另谋高就，对于你来讲，当然不大愿意。但人往高处走，是十分正常的事。如果那个位置对于你的助手来说，确是个较好的机会，你又何必太自私，"阻人向上"？

或者，你会想，助手可能是对自己不满，所以要跳槽。这个想法未免"小人"一点，若你自问没有亏待他，不必多心，更不必向助手求证，大家开开心心地结束宾主之情，不是更好吗？

你的这种做法，往往使你的其它下属不会再感到有任何压力，会更加忠心地工作，因为他们相信你是成人之美的。成人之美的人往往是受别人钦佩的。

可是，别忽略了另一部分人，他们就是其它最基层的工作人员。方便的时候为他们提供间接的帮助，对你只是举手之劳，却会使他们终生难忘。比如回家路上看到你的一位员工在等公共汽车，你又没事，何不让司机停下车来，送他（她）一程，他（她）会把这件事牢牢记在心底，并会告诉其它人，领导是个好人。你应该让每一位员工都觉得你离他们很近，伸手就能触到；又应让你的员工觉得你很远，你是他们的领导，唯距离才能产生美。他们会认为你是可以信任的，大家共同的朋友，总比别人的朋友要亲近一些吧！

子曰："君子成人之美，不成人之恶。小人反是。"

成人之美是一种高尚的品德。它需要有宽广的心

175

胸，助人为乐的精神。对于患得患失，一切都要算计自己能得到多少好处的人来说，是很难做到成人之美的。

孔子还说"己欲立而立人，己欲达而达人。"一般人要做到虽然也不容易，但还不算太难。只要心胸宽广一点的人就能做到。

现在我们唱："只要你过得比我好。"这就太不容易了，不是一般人所能做得到的。

尤其是在商品经济时代，商场犹如没有硝烟的战场，竞销激烈。成人之美就更是一种难得的品质了。

我们在平时的生活和工作中，稍加留心就可以做到成人之美了，成人之美其实是一种高超的交友艺术和领导艺术。当你满足了别人的愿望之后，别人就会感激你，就像受了你的恩惠一样，而且、有知恩图报的想法。很多有经验的领导就是用这样的方式来收拢人心和管理员工的。当你为别人提供了方便，使别人得到满足，反过来别人也会设法为你提供方便的，乐于成人之美的人总能得到别人的帮助和配合。所以，成就别人等于成就了自己，推荐别人也等于推荐了自己，称赞别人也等于称赞自己，善待他人就是善待自己。

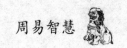

走好，不要踩着老虎尾巴

原文：履虎尾。

释义：《履》卦开头就说"履虎尾"！——行道之难，"如履薄冰，如临深渊"；为政之难，"伴君如伴虎"。《系辞下》说："《履》以和行，《履》，和而至。"可见《履》之为德，其核心是"和"。只有在和睦的气氛中行事，和顺守礼才能达到目的。

释例：六爻时位，其行状和性质各各不同，所以同样是"履虎尾"，却有"不咥人"与"咥人"，成功与失败这两种迥然不同的结局：初九守素"无咎"、九二持中"贞吉"、九四恐惧谨慎"终吉"、九五坚定果决"贞厉"、上九能反思履道而"元吉"；惟有六三柔而造次为虎所伤，从反面提出了最有价值的重要警戒。

凡此种种，无不一再说明，《履》之为德，就像走钢丝的人一样，必须处处小心仔细和顺守礼，才能死里逃生居危而安。

履，小心翼翼跟随在老虎尾巴后面行走，这是多么危险啊！然而凶猛的老虎却没有咬人。结果吉利亨

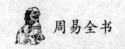

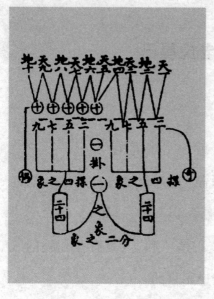

大衍之数五十其用四十有九图出自宋·丁易东《大衍索隐》，讲述了古代用易经卜卦的方法

通。——这是为什么呢？

《象传》说：穿鞋走路——履。柔软的草鞋行走在坚硬的路面上，可怜的鞋子默默无言任劳任怨，时刻应和着四处奔走的干阳君子，犹如柔顺的六三履行在刚健的初九、九二之上，下卦之兑以谦卑和悦的风貌应和了上卦之干，所以说："小心翼翼跟随在老虎尾巴后面行走，凶猛的老虎却没有咬人，结果吉利亨通。"本卦九五居中持正，秉受干阳大德履临天子九五尊位，济生民行天道，不心虚不彷徨，踏踏实实正大光明。

《大象传》说：《履》上卦为干，干为天；下卦为兑，兑为泽；迭二经卦为重卦：上天下泽，尊卑判然。这就像人走路一样，头顶蓝天脚踏大地，上高下低千古

178

不易。洞明天地人三德的君子因循《履》道之象，破洪荒启民德，制礼作节规范尊卑上下之仪序，以此来端正和树立天下万民必须遵守的道德规范和伦理意志。

《小象传》说："举手投足自然而然，立身行事一本天成，有所进取而无咎害"，这是说初九为履道之始，其为人处世特立独行专心致志，显现出纯朴的修养和高尚的道德意愿。一举手一投足自然而然，立身处世一本天成不加雕饰。安常蹈素，朴实无华，积极前往有所进取而不会有什么咎害。

人生如棋。

我喜欢下棋，玩玩而已，不计较输赢。在棋盘中却得到启迪，感叹人生如棋。两个人摇着蒲扇遣将摆子，看似儒雅，其中却仍见金戈铁马、虎斗龙争，还有风雪雷雨、烽火硝烟，还有不少人生启迪。

我悟出下棋极为讲究，一幅棋盘划开楚营汉界，几十个棋子列阵对戈，博弈看似纸上谈兵，却需要思维敏捷，不急不躁；需要总揽大局，进退自然；需要深思熟虑，讲究眼力，重在算计；需要配合，重在默契，车马炮、相士兵配合得力，方有胜数；需要灵活，阵势变幻莫测，方可所向披靡。

尤其是卒，只要几个小卒过河联营，便会势如破竹，挡得千军万马。代老师说人生如棋，做人亦如下棋一般！茫茫人海，大千世界，有坦直大道，也有险恶崎岖。要站得起，立得直，就要懂得纵横捭阖，审时度势，进退随缘，慎终如始。

棋有棋道。下棋高手都能胸怀大局，洞若观火，勇于迎战，敢于胜利，正视失误，胜不骄，败不馁，守信用，懂规矩。他们沉着冷静，三思后行，运筹帷幄，机动灵活，呕心沥血，落子生根，善于求新，敢于开拓。下棋可以考验毅力，磨练性格，修身养性，一步一个脚印，老老实实，脚踏实地；还要研究战术，研究对手，知己知彼，百战百胜。做人何尝不是如此呢？人道如同棋道。

下棋就会有输赢，胜败且兵家常事，不必过多计较。人生没有笔直的路，总是坎坎坷坷，曲曲折折。人生苦短，成败、兴衰、荣辱、曲直、得失、升沉、喜悲、乐哀、甘苦、宠疏……瞬息之间，须臾之时。所以，辉煌不可妄自尊大，潦倒不能妄自菲薄。要居安思危，谦虚谨慎。

棋局短暂，人生漫漫，下棋只是玩玩，人生却不是好玩的，好好做人实在不易。要老老实实做事，堂堂正正做人，不为物喜，不为己悲，走好脚下的每一步路，棋训为"一子不慎，满盘皆输"，人生警言为"一失足留下千古恨"。

现代社会人们的步伐越来越快，总有干不完的事，走不完的路，唯恐一不小心落伍了，或被社会淘汰了，人们的神经绷得紧紧的，神情严肃，除了应该笑时平时少有笑容，越在发达的都市这种情况越甚，于是都市人发出一声感叹，活着太累了，周末到乡下去走走成为大家的渴望，在那里散散步，放松一下心情简直是人生的享受，可以暂离充满欲望的都市生活，让竞争一边见鬼去吧。

大凡哲学或宗教人士认为：其实很简单，人类有太多无穷的贪欲，只要修炼自己，减少欲望，无欲，那么人生就会变得从容，宁静。如果欲望能少一些，甚至无欲，人们是可以变得从容不迫，享受生命本有的意义。

问题是在当今这个社会，在现今这样的法典制度下，以私有制为经营主体的体制下，以经济收入为衡量一个人的才华和成就的标准下，人能少欲吗？能做到无欲吗？有时人是不是在自欺欺人？

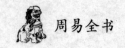

只有到了一定的年龄，一切定型了，或无能为力了，对人生也有了最终的感悟，才会让欲望不断地减少，有时还是无奈的，学会享受生命真正的意义，人生才有可能变得从容。

欲望之强烈，人们往往想更快地达到，尽量缩短奋斗的时间，因为奋斗在人们的概念中总是很辛苦的，而且一天不达到心里就没有底，人类对未来的无知让人们更没有耐心等待，只有到手的成果才能让人完全放心下来，在焦急的等待中人们自然心神不定，忧心重重，很难做到从容。

如果光是急还好，问题之严重是：人们急于求成，忽视必须资源，在条件不完全成熟时采取了"果断"的行为，结果事与愿违，断送了机会，让欲望落空，让美好的愿望付之东流。

是什么原因导致的呢？是一种人类自大的思想造成的。所谓人定胜天，人是世界的主宰者，人是高级动物，是社会的主人，人可以改变一切，创造一切。于是人变得盲目的自大，由自己制定游戏规则，完全按自己的设想办事。

我们知道人类是很缈小的，宇宙有它的宇宙法则，生存于其中的任何生命体都得符合宇宙法则，凡事有它自然的规律，我们要学会与环境和谐相处，找到这自然法则，找到事物的平衡点，正如"疱丁解牛"一样，只有深入了解牛的心理结构，按照牛的尖隙下刀，那么工作起来才能游刃有余。

因此欲望是良好的，但我们必须明白欲望的达成有它的自然规律，必须摸清这自然规律，顺应其发展，才能水到渠成，实现美好的愿望，否则任何的努力都是白费的。

当我们明了自然法则后，我们就不会急了，因为急了没用，不但与事无补，反而会坏事，于是就会变得从容不迫。

还有一种情况是：你本是从容的，但周围的环境和周围的友人不允许你这样，他们会压迫你，诱使你，告诉你必须怎么样怎么样，社会的无形压力让你动摇了，觉得他们说得确实是现实。

但请记住：他们是用人类的游戏规则来思考问题的，是用共性来研究问题的，但正确的应该是自然法则，更何况你是个个体，有你独特的个性，你的天赋，你的后天资源。虽然有时他们是一种良好的规劝，但他

们无法对你的生命负真正的责任。尽量一笑了之吧，走自己从容的人生之路。

刚柔相济，密切合作

原文：枯杨生稊，老夫得其女妻，无不利。

释义：已经枯萎的杨树重新又长出新的枝芽，老年男子娶了位年轻的妻子，这种现象没有什么不利的。

释例：一群人在一起做事情，最重要的是同心协力、团结一致。由五十个人组成很团结的团体，比一百个人聚集的乌合之众，力量要来得大、要有成就，相信大家都不会否认的。

战争中，也不一定人数多的那一边会胜利。尽管拥有大兵，但如果是一群乌鸦，怎么能打胜仗？团结就是力量，有了团结，胜利才会向你招手。

一个公司的上下能不能团结一致，同心协力往目标努力，是企业成功与失败的关键。然而，这种团结，是人愈少愈容易做到；人数越多，意见纷乱，要团结也就越困难了。

假定团体的每一个人修养都很好，协调性也很高，那么要他们团结的话可能没有问题；否则，人数越多，越难团结。

一个只会逞匹夫之勇的将领是不堪大任的，只有既能做好自己手里的事，又能着眼于全局，从而能够与其他人通力合作的人，才是最为难得的人才。

提到屈己从人，以合作精神维护大局，我们自然

廉颇像。廉颇，战国人。

据史料记载，廉颇、蔺相如将相于赵，廉颇居功自傲，图辱相如，相如大肚能容，先国后己，不与争列；廉颇闻知，肉袒负荆，二人同心协力成就大业。这种做法与《周易》所宣扬的"柘杨生稊"主张相一致

185

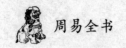

会想到千古流传的将相和的故事。

秦、赵渑池之会以后，赵王回到赵国，因为蔺相如功劳大，任命他为上卿，地位在廉颇之上。廉颇很不服气，说道："我作为赵国的大将，有攻城野战的大功，蔺相如只不过是耍嘴皮子的功劳，反而地位比我高，况且相如本是地位卑贱的人。我感到羞耻，不甘心处在他下面。"并扬言道："我要碰见蔺相如，一定要好好羞辱他一番。"相如听到这话以后，不愿与廉颇会面。相如每次上朝的时候，常常说自己有病，不愿与廉颇争位次的先后。过了一些时候，蔺相如外出，远远望见了廉颇，连忙掉转车子躲避，不让他看见。这时，蔺相如的家臣一齐劝他说："我们之所以离开亲人而来投靠您，只是仰慕您崇高的节操。现在您与廉颇职位平等，他口出恶言，您就怕他、躲他，这种胆小也未免太过头了。普通人尚且感到羞耻，更何况您呢！我们没有才能，请允许我们走吧！"蔺相如坚决劝阻他们，说道；"诸位认为廉将军与秦王相比哪一个厉害？"家臣们回答说："赶不上秦王。"蔺相如接着说："像秦王那样威严，也听凭我在朝堂上大声呵斥他，侮辱他的大臣们，我即使愚笨无能，难道会害怕廉将军吗？但我考虑到，强大的秦国

186

之所以不敢侵犯赵国，只不过因为我们两人在赵国的缘故。现在两虎相斗，势必不能同时生存。我之所以这样做，是把国家危难放在首位，而把私人的仇怨放在后面。"家臣听罢，都万分感动，又纷纷回到自己的居所。后来相如的这番话被廉颇听到了，他深受感动，便脱去上衣，露出肩膀，背上抽打人用的荆条，来到相如府上请罪，说道："我这个庸俗卑鄙的人，想不到您胸怀宽广到这种地步。"蔺相如赶忙帮廉将军抽去荆条，让他穿上衣服。两人终于和好如初，并结成了同生死共患难的朋友。

一将一相的和好，使赵国的决策阶层空前团结，力量无形中变得强大起来，使虎视眈眈的强秦长时间不敢轻举妄动，这就是具有合作精神的人才的力量。

在你的智囊团中，你将各个独立的人组织成小团体，你们都具备共同的强烈欲望并且从日益增进的热忱、想像力和知识中获得利益。团队合作的情形和智囊团的合作形态很类似；但是由于团队中的成员，未必都具有相同的的强烈欲望，所以你必须更努力于使团队成员不断地为工作奉献，同时也应该要求自己，为成员作出奉献并发掘他们的欲望。

一位管理人员杜拉克说：所有的员工"都应把自己看成是管理人员"，以期能在整个经营环境中看待自己的工作，管理人员必须学习去配合所做的工作，而非以员工作为自己升迁的牺牲。

杜拉克想起麦克阿瑟将军的例子：他每次召开幕僚会议时，都会先介绍军衔最低的军官，他不许其他事情妨碍这道程序，因为他知道建立军官的信心，是很重要的一件事，他想要而且也需要这种信心。

你向前更进一步的习惯，会影响你的合作者。即使你给他们的利益和薪水都很丰厚，他们还是把获得这些利益和薪水当作是理所当然的事。你应先评估其他合作者的需要，甚至在他们发现自己需要之前便先满足他们。

有的时候，人们会因为必须在一起工作，所以才产生合作关系，但这种合作既不可靠而且不会长久。例如，美国和苏联曾一起抵抗过希特勒，但当希特勒被打败时，这种合作关系也随之消逝。

真正的团队合作必须以别人"心甘情愿与你合作"作为基础，而你也应该表现你的合作动机，并对合作关系的任何变化抱着警觉的态度。团队合作是一种永无止境的过程，虽然合作的成败取决于各成员的态度，但是维系合作关系却是你责无旁贷的工作。

真正成功，没有不经过困难来的

原文：象曰：屯。刚柔始交而难生，动乎险中，大亨贞，雷雨之动满盈，天造草昧，宜建侯而不宁。"

释义：天下的事情，当好事来的时候，都有困难，不经过困难而成功的，绝对不是好事，轻易得到的，很快就会失去，这就告诉我们一件真正成功的事业，没有不经过困难来的。

释例：但是人没有危险在前面是不会努力的，有困难、有危险，则反而促成人努力争取成功，动乎险中，才会加倍努力，也特别谨慎小心，大意了一定出毛病，所以文王解释这个卦是大亨，大吉大利，但是要贞，要坚定地走正路，在危险当中动，走歪路就不对了。

一个人不管在哪里做事业，欲想成功，永远是不宁的，欲享福而事业成功，这是不可能的，如果想有所建树，那是永远不能安宁的。人都想功名富贵，想成功，

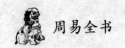

又想留万世之名，又最好不要劳累，这是办不到的。

　　只有苏东坡这位绝顶聪明的人，有过这样的妄想。他因为自己大聪明了，一生在政治上都遭遇到挫折，所以作了一首诗："人人都说聪明好，我被聪明误一生。但愿生儿蠢如豕，无灾无难到公卿。"他前面三句讲得蛮有道理，最后一句又吃亏了，又太聪明了，天下哪有这种事情？

　　有一个故事，一个人一生太好了，死后阎王判他还是到世间做人，可是投胎做人时要成为怎样一个人呢？阎王让他自己决定，于是他说他只希望："千亩良田丘丘水，十房妻妾个个美。父为宰相子封侯，我在堂前翘起腿。"阎王听了以后，站起来说："老兄！世间如有这种事，你做阎王我做你。"

　　由这个故事，再看《周易》，就了解人生，凡有所建树，一生永远都在劳累，"宜建侯而不宁"，这就是开创事业的现象。

　　有一天，一位旅人在荒野里行走，突然听到身后传来一阵凄厉的叫声。他回头一看，一头发了疯的大象正朝他冲了过来。他慌忙撒腿就跑，发现前面有一口枯井。井边有一棵高大的树木，下垂的藤条正好垂向井中。

　　他大喜过望，连忙顺着藤蔓向井内溜去。松了一口气后，他仔细地打量四周，发现有一条毒蛇正盘踞在井中，井壁还有三条毒蛇围着他，四条蛇都昂着头，向他吐着信子，好象随时都要向他发起攻击似的。旅人大惊失色，赶紧朝上观看，只见黑白两只老鼠正在啃噬着他所紧摸着的藤条。

　　旅人进退维谷，只好听天由命。这时，突然有一滴甜甜的蜜汁滑入他的嘴中，他用舌头舔了舔，也感到一丝安慰，可是，顷刻间，一群蜜蜂倾巢而出，将他螫得体无完肤。尽管疼痛难忍，旅人仍然紧紧抓住藤条不放，可是，不知什么时候，一把野

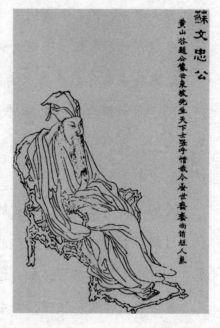

苏轼像，选自清·上官周绘《晚笑堂画传》。苏轼在他的《东坡易传》中把生死与《周易》中的"阴阳"联系在一起，阐述了独到的生死观

火把藤条烧焦了，旅人的性命已经危在旦夕……

这则寓言出自佛教典籍《杂宝藏经》，释尊借这则故事来比喻人的命运。荒野是迷茫的世界，旅人为众生，疯狂的大象象征无常的暴风雨，井中是人世，树代表人的生命，井底的毒蛇象征死亡，四条毒蛇是构成身体的四大要素，黑白两色的老鼠代表夜与昼，蜂蜜是快乐，蜜蜂指的是彻悟，而野火则用来比喻疾病和衰老。

这则故事暗示我们每天都会遭到无常的风雨的侵袭，因迷惘和烦恼而感到痛苦，最后死于疾病和衰老。尽管如此，我们却不可悲哀消极地将人生归咎于命运的安排，而束手无策。

人的一生是虚幻的，短暂的，不管如何长久，至多也不过能活到百十来岁；在如此短促渺茫的人生中，愈是刻意追求虚无的东西，愈会过得空虚。

有多少人作梦会飞哪，梦中会飞的人知道生命的意义，在自由的天地里，把自己造化得非凡。

有梦的人永不会有虎落平川被犬欺的感觉，无论是顺途逆境，都能从容渡过。象雄鹰征服天空，象雄师为林中之王。

梦是生命的翅膀，有梦的人，可以飞过那些徒步难

192

以逾越障碍，把生命的过程经历得理想、完美、快乐和幸福。

从你刚开始记事时，就有梦了。梦境是你灵魂的风景，也是理想的香格里拉。一直重复的美丽的梦是你注定要达到的境界。人的一生就是把你想做想为的变成已作过已成为的过程。

如果你有自己的梦，还能成为一个引导别人的人，你就是一个幸福和让人幸福的人。仙下凡也无非是因为羡慕你这样的人生。

人生是一条路，有平坦也有坎坷。人生是一条河，有波涛汹涌，也有风平浪静。人生是一首歌。人生更是一场戏。人人都在社会这个大舞台上扮演自己的角色。人生是有限的，正如天上的流星，在时间的长河里转瞬即逝，我们应在这有限的人生旅途中，努力追求生命的真谛。

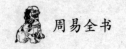

憧憧往来，事倍功半

原文：贞吉，悔亡。憧憧往来，朋从尔思。

释义：内心保持纯洁无邪的态度，就可以获得吉祥，没有后悔；心猿意马地与朋友交往，朋友会报答你的情意。

释例：对你身边的人意图不了解清楚，仅凭感觉是不行的，否则会出现错误。戴尔和桑德拉的下面的对话，说明了明确目标的重要性。

戴尔："好吧，桑德拉，我们来看看你上两个月的销售成果。你跟我说好会有显著的改善的，对吗？"

桑德拉："确实如此。不过，我还以为要到这个季度结束再来评估我的成果的。不管怎样，我想我已经有了相当显著的改善。"

戴尔："是吗？你的总销售量好象是上去了一点儿，但增长的部分多半来自小客户。"

桑德拉："我并不想忽略大客户，但我认为提高自己销售量最好的办法是在一些中等的客户上下功夫。这样做可能不是很引人注目，但它确实有效。"

戴尔："但是，无论如何，我还是希望每个人都将精力放在大客户上。这样，一小批客户就能将销售额提高很多。"

桑德拉："哦，你难道是要我提高销售额吗？我还以为要从增加销售给每个客户的产品种类起步呢。"

戴尔："增加产品种类当然也没错，但这并不能增加销售额。"

桑德拉："那你的意思是我做的这一切毫无价值！"

为什么销售经理桑德拉和总经理戴尔会产生争执？问题的症结在于总经理戴尔没有为下属提出明确而具体的目标。下属按照自己的想法去实现目标，最终却发现这根本不是总经理所需要的。上述对话表明，桑德拉致力于提高销售量，特别是增加卖给每个顾客的产品种类，然而总经理戴尔所要求的却是增加销售额。目标对于改善工作业绩非常重要，但同时目标对正在进行的日常工作也十分关键。目标是一切工作的基础。有了明确的目标，下属就能有明确的努力方向，全力以赴做出令自己、总经理和客户都满意的工作业绩。一边工作，一边修正随时出现的问题需要花费更多的时间、精力和资金，而事半功倍的做法则是通过有效的规划来防止问题

的发生。

人生的贵人可遇不可求

原文：飞龙在天，利见大人。

释义："飞龙"就是腾飞的龙，"大人"就是高人，"飞龙在天，利见大人"就是说龙要腾飞，先要向"大人"学到本事。

"九二，见龙在田，利见大人。"九二爻，是干卦内卦的中爻，中爻是最好的、最重要的。九二爻见龙在田，利见大人，"见龙在田"，见是现的意思。龙现在田里，等于虎落平阳被犬欺了，还如何利见大人？这要了解"田"的意思，中国文字与西方文字不同，不但是单音字，而且一字往往含有几种不同的意义。中国古代的田写作，是图案画，上面通了为由，下面通了为甲，上下通了为申，申字旁边加示，上天垂示就是神，神是上下通的，所以鬼字亦从田，上面走不了，向下面走就为鬼，后来再加两根头发，就成鬼的样子。电、雷都从田，天上下水，地下发雷，雷向下走为电。

这是中国字结构的由来，每字都有道理，不比 AB-

CD 硬凑拢起来的。从上面的解说，我们便知这里的田字是代表地面，就是大地，不要以现代的观念，认为田只是种稻子的田，那就错了。见龙在田的卦象，是早晨太阳刚刚从地面升上来，光明透出来了，在这个时候"利见大人"。如卜到这个卦，卜卦的说，如去见董事长或什么长官辈谋事之类，一定成功。大人并不是很大的人物，在古代大人、小人是相对的名称，一如"贵人"这个名称，并不一定是很大的贵官。

释例：假使有人跌了一跤，刚好有一位清道夫看见，将他扶起送到医院，这位清道夫就是跌跤者的贵人。贵人的贵与不贵，是在时间空间上刚刚需要帮助的时候，予以帮助的就是贵人。

假定我们以汉高祖为比方，当他打败了项羽，自己创业的时候，正是飞龙在天了，他还要利见大人，这个大人是谁？是指他所遇到的都是好人，都是对他有帮助的人，看汉高祖的一生，正是一个干卦，最初倒据当一个亭长，一天到晚喝喝酒，正是潜龙勿用，后来到了飞龙在天、利见大人的时候，他所遇见的人个个都是好人，个个都有用处，个个说他好，都帮助他。

成功路上多贵人，但还是要靠自己的力量先出发。

埋怨现状永远比提出建议简单；破坏现况永远比建设未来容易。但是，问题永远不会解决；不满也永远不会改善。

有一位男性友人，从事自由工作，最令他烦恼的不是工作的本身，而是他的一头乌黑黑的秀发。剪短的时候，他觉得留长发好看。好不容易，头发留到肩上，他觉得怪怪的，又去烫成卷发。过不了几天，他又觉得还是剪短比较像个男人的样子。一年三百六十五天，我亲眼看到的情况是——随着他的心意摇摇摆摆，他的头发也跟着长长短短，反反复复了好几次。两年过后，问他："老兄，你到底喜欢长发还是短发？"他耸耸肩，说："唉！不知道！我还在摸索吧！"

人生，很多时候说"不知道！"可以代表谦虚；但是，对自己身上的事推说"不知道！"只有两种可能：一是不负责任；二是缺乏自信。

头发爱留多长，是自己的事。工作该怎么换，也要靠自己决定。这些和别人都没有关系；不过，若是能早点拿定主意，弄清楚自己想要的究竟是什么，别人才能给予适当的配合或协助，自己也比较容易成功！

也许你的一生只有一次。

遇到你真正的爱人时，要努力争取和他相伴一生的机会，因为当他离去时，一切都来不及了……

遇到可以相信的朋友时，要好好的和他相处下去，因为在人的一生当中，可遇到知己真的不容易……

遇到人生的贵人时，要记得好好感激，因为他是你人生的转折点……

遇到曾经爱过的人时，记得微笑向他感激，因为他是让你更懂得爱的人……

遇到曾经狠过的人时，要微笑向他打招呼，因为他让你更坚强……

遇到现在和你相伴一生的人时，要百分之百的感谢他爱你，因为你们现在都得到幸福和真爱……

遇到背叛你的人时，要好好的跟他聊聊，因为若不是他你不会懂得世界……

遇到曾经偷偷喜欢的人时，要祝他幸福，因为你喜欢他时是希望他幸福快乐的……

遇到匆匆离开你人生的人时，要谢谢他走过你的人生，因为他是你精彩回忆的一部分……

遇到曾经和你有误会的人时，要趁现在化解误会，因为你可能只有这一次机会解释清楚……

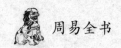

周易全书

人的一生可能就只有这一次机会去做这些事情…………

李白像，选自《吴郡名贤图传赞》。李白，字太白，号青莲居士，唐代的传大诗人。据汉书记载，杨雄摹仿《周易》写了《太玄经》，由于深奥没有马上流行，到了唐代，其影响才逐渐扩大。李白在他的诗中有"白乎太玄经"的佳句

此文献给那些正在寻找或者已经相知相伴的那些人们！！！！

贵人是可遇不可求的，所以我们要尊重身边的每一个人，注重自己的一言一行，贵人也许就会在你需要的时候，在你不注意的时候"从天而降"，记住，每一个人都可能成为你的贵人。

孩子对客人说："我爸爸讲，你是他的贵人！"

我当时看得出来，那人听了有多么高兴，因为他知道我没有忘记

200

他以前的好处，但我后来也听说，他的太大回家跟他大吵一架，说他自己连个固定的工作都没有，怎会是别人的"贵人"？

他的妻子错了：因为能做贵人的，自己不一定多么尊贵；当我们要找自己生命中的贵人时，也绝不见得要到世俗所谓荣华富贵的阶层去寻觅。许多贵人，都出奇地平凡。而平凡的我们，也随时可能成为别人生命中具有重大意义的"贵人"。甚至当我们成为别人的贵人时，自己都还不知道呢！

从前有个人写信给燕国的丞相，因为光线太暗，就叫仆人举烛，一不留意，把"举烛"两个字，也写入了信中，等到燕国的丞相收到信，谈到举烛两个字，竟然大为感动，说举烛的意思是要求光明，也就是要拔擢贤才，并以此报请国王采用，使得燕国强盛起来。

传说李白起初做学问很没有耐性，直到某日，看见一位老妇，居然想将一支粗铁条磨成绣花针，才顿时醒悟，回头苦练，成为诗仙。

米盖郎基罗在画西斯汀教堂时，有些不满意自己的成绩，却又因为完成大半而舍不得重新画，直到有一天去喝酒，看见老板毫不犹豫地把新开的一大桶坏酒倒

掉，终于下定重新画过的决心，成就了不朽的作品。

以上写"举烛"的邱人、磨针的老太太和酒店的老板，可知道自己无意中的行为，竟能造就了别人？而他们何尝不是燕国、李白、和米盖郎基罗的"贵人"呢？

又譬如有位朋友出国旅行，临上飞机发现旅行社的小姐竟把他最重要的签证资料遗失了，他起初大发雷霆，要求赔偿损失，但是后来又跑去向旅行社道谢，说犯错的小姐是他生命中的贵人。原来他设赶上的那班飞机发生了空难。

你想想，由犯错，到成为别人的救命恩人，这当中有多么大的转变，岂是当事人预先所能知道的？

再拿我最近的遭遇来说吧！当我的写作到中途的时候，有位朋友来访，看了我写好的稿子说："这些东西太软，缺乏吸引人的力量！"

虽然你的母亲说，那位朋友可能是嫉妒我的成绩而讲出酸葡萄的话。我当时也有些不悦，但细细检讨之后，发现确实有许多篇可以改换写作角度，以造成更大的戏剧性和说服力，所以将已经写成的三十多篇全部抛弃重写，使其成为畅销而且长销的作品。

由此可知，在我们的四周，到处都可能发现自己的贵人，他们不一定是直接提拔你的尊长，反而可能是毫无关系的陌生者、一面之缘的过客，甚至你的敌人。只要你能在他们的身上领悟到重大的事务，以致导引你走向更好的未来；或由于因缘，使你免于原本可能发生的厄运，就都是你生命中的"贵人"。

所以，不要轻视任何人，也不要轻视自己，因为那平凡人可能是你的贵人；你也可能作为别人的贵人！

足够热忱，足够动力

原文：王用出征，有嘉折首，获匪其丑，无咎。

释义：君主动有军队出兵征伐，建功立业，获得美誉，斩杀敌方首领，捕获不愿归附者，这样做不会发生灾祸。

释例：热忱不仅具有感染性，而且还会像烈焰一样快速向四周扩张。一个人的情绪，会渗透到社交场合的每个角落，甚至会影响一些人的个性。如果这位一位朋友性情冷酷和傲慢的话，那么他的社交圈就只能死气沉沉毫无生机和活力。所以作为能成功处世的人，首先必

须善于调节自己的情绪。要做情绪的主人，不要做情绪的奴隶。

在职场中如果缺乏热忱就会产生非常严重的后果。犹豫和自卑就像毒瘤，同样是具有感染性的。如果一个顾客向推销员询问商品在卖出后能否退换时，那位顾客得到的回答却是："这个我不太清楚，我想大概可以吧。"面对这样的推销员，就是再有购买欲的顾客也会逃之夭夭。同理，如一个管理人员，具备足够的热情，那么他的下属总是会多少被他感染几分的。

如果一个人能够以足够的热忱对待生活，那么他的生命也将会随之延长。古罗马的政治家加图，在80高龄的时候还学希腊文；希腊的历史学家布鲁塔克，更是在衰老之年开始研习拉丁文；意大利作曲家威尔第，在古稀之年写出了著名的歌剧《奥塞罗》、《福斯塔大》；著名的建筑师兰恩，曾建造过52座教学楼，直到86岁高龄才退休。在他退休的五年中一直尽心学习，努力追求文学、天文学的知识。还能有什么能够使生命如此灿烂辉煌呢？

激情是不断鞭策和激励我们向前奋进的动力，对工作充满高度的激情，可以使我们不畏惧现实中所遇到的重重困难和阻碍。可以这么说，激情是工作的灵魂，甚至就是工作本身。

熟悉比尔·盖茨的人都知道，他这个人在行动上总是充满了激情，浑身上下散发着永不言败的精神。

正是在他充满激情的行动带领下，微软公司才从小到大由弱到强，成为了计算机领域里"霸主"。

无疑，比尔·盖茨本人这种工作狂热精神，感染了全体微软员工，尤其是那些软件程序设计师。他的工作热情本身就是一种无形的鞭策。"你在这样的公司工作，成天看到你身边的人，尤其是公司老板，都在努力工作，你自己难道还好意思慢吞吞地磨蹭？"一位来自卡耐基·梅农大学临时打工的大学生这样对人说。

只有在热爱工作的情况下，才能把工作做到最好。一个人在工作时，如果能以自强不息的精神，火焰般的热忱，充分发挥自己的特长，那么即使是做最平凡的工作，也能成为最精巧的"工人"。如果以冷淡的态度去做，哪怕是最高尚的工作，也不过是个平庸的工匠。由此，可以这么说，激情是工作的灵魂，甚至就是工作本身。当你满怀激情地工作，并努力使自己的工作满意时，你所获得的利益就会增加。而工作中最巨大的奖励

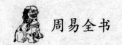

还不是来自财富的积累和地位的提升，而是由激情带来的精神上的满足。因此，作为一名教师，如果缺乏工作激情，做一天和尚撞一天钟，就必然不会创造新的业绩，就必然教不出好的学生，也就必然只能被无情的历史所淘汰。

激情，永远是我们工作的动力，永远是成功的法宝。

第二次世界大战期间，与法西斯主义誓不两立的美国女记者多萝西·汤普森将她的报纸专栏作为打击希特勒政权的武器。她的专栏文章由报业辛迪加向150家报纸发稿，那些富有洞察力又注入了丰富感情的政治评论，使得同行们充满理性的专栏文章黯然失色，1940年，她的读者高达700万人。

满怀激情的工作成就了汤普森。在职场上，这种激情创造成功的范例还有许多许多。

我们的生命，一半是给工作的，如果我们缺乏对工作的激情，工作就会变成无休无止的苦役，这是一件非常可怕的事情。正如加缪描写的古希腊神话中的西西弗的境遇：他不停地把一块巨石推上山顶，而石头由于自身的重量又滚下山去，再也没有比进行这种无效无望的劳动更严厉的惩罚了。然而，倘若我们真的处在这样的命运摆布之中，尽管可以找到怨天尤人的理由，但是，有一点必须点破的是，我们自己应对困境负主要的责任。

我们往往把工作当成赚钱的手段，很少把它与实现快乐的途径联系在一起，而对待工作的态度是以金钱的多少为转移的。廖莎大学毕业后到一家创办不久的文化公司从事展销业务，本来展览经济是一个新的增长点，在这一行里有许多美好前景可以开拓，但初创阶段的公司业务并不是很好，廖莎的工资要比一同毕业的同学少一半。收入上的差距使她心理不平衡了，她开始私下寻找跳槽的机会。结果跳槽不成，她在公司第二年的竞聘上岗中落聘了。

这山望着那山高，廖莎的致命伤在于她丧失了上进的动力和兴趣，从而延宕了自己的发展。其实工作的成就感决不只是靠金钱得到的。把收入看淡一点，从工作中发现兴趣，远比盲目地另找一份工作要实际。

当然，如果变换工作遵循的是内心的志趣，这就要另当别论了。不过，更多的时候，工作的激情，不在于工作本身的有趣与否，而在于我们有没有热情投入到工

作中去。许多工作，正是因为我们的没有投入，也就发现不了其中的乐趣。不妨做个这样的试验，在两个时间段里，分别以积极的态度和消极的态度去做手头的工作，你会发现再枯燥的工作，只要你努力去做，也会变得有趣起来；而再有趣的工作，如果你兴味索然地去干，也会变得了无生趣。工作的价值，取决于我们的态度，这就是工作的哲学。

我们完全有可能在平凡的工作中点燃我们工作的激情。如果把工作看做是创造力的表现，那么一个教师就会以导演的热情讲好她的每一堂课；一个记者就会以探索的视角去看待他报道的新闻事实；一个厨师就会以艺术家的执着去配制他一流的拼盘。学会从工作中寻找乐趣，而不是等待未来发生能给我们带来乐趣的事情；热爱工作，把工作当做事业来做而不过多去计较得失；不只把工作当做谋生的手段，而把它看做发展自己潜能与天赋的机会，这就是我们成功人生的秘诀。

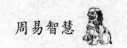

面对突变要从容镇定

原文：突如其来如，焚如，死如，弃如。

释义："如"的意思是"这样"，这句话可译为："就这样突然来了，烧起来了，死了，走了。"指突变改变一切。

释例：人生如浩瀚无垠的大海。不会永远风平浪静，时常会有惊涛骇浪骤起挑衅。在人生的大海上驾驭着人生小舟时，就要有勇于迎战风浪的从容和镇定。

人生是一段艰辛的跋涉。人生纷纭复杂，坎坷曲折，决不只是绿叶簇拥的红花，更多的是荆棘杂草中远征的苦涩；也不只是对春华秋实的满足；更多的是经受酷暑寒冬的洗礼。人生在积淀了大量的风风雨雨，坎坎坷坷之后，只有从容地迎接命运的挑战，诸多人生难题才能圆满解答。

从容是人生的一种坦然，是对生命的一种珍惜。

一个年仅20岁的青年由于家庭贫困辍学，但他有一个妹妹，成绩优异，不上大学实在可惜，于是他来到工地挖隧道，不料第一次走进隧道就岩石塌方……

《东西晋演义》
版画之谢安弈棋图。淝水之
战中，江晋主帅谢安对战事
从容镇定，胸有成竹，弈棋
以待捷报

当时局面难以控制，有人大放悲声，有人想往岩石上撞，近乎疯狂。他也差点控制不住自己，刹那间他想了很多，首先想到了死——但若自己完了，妹妹也会辍学，父母也会悲痛欲绝。他镇静了一下，决定试着控制局面，他努力使自己的声音变得很沉稳："我是新来的工程师，想活命吗？想活命就听我的！"黑暗中，几个人渐渐安静下来。

他又向被困的四个人发号施令："一：被困的四个人必须听他指挥。二：外面肯定在组织救援，但需要时间。三：休息睡觉，因为累死也搬不动那千斤重的大石头。四：隧道里到处都是水，有水就能活十几天。不过他还是隐瞒了两件事情：第一是他进隧道时带了两个馒头，现在已成无价之宝。二是他有一个电子表，可以掌握时间。

第三天过去了，隧道里还是没有一丝光亮，他把其中一个馒头分成四份给大家吃。第五天，终于听见隧道隐约传来钻机风镐的轰鸣。他赶紧把最后一个馒头分成四份给大家吃，然后大声命令四个人拿起工具拼全力往巨石上敲击……

几个劫后余生的人躺在病床上怎么也不会相信，那个沉稳威严的"工程师"竟然是一个毛头小伙。当记者采访他时，我又听见了那句我已听了千万句的话："因为冷静，在紧要关头，只有冷静救得了你。

中国历史上因淝水之战而闻名的谢安，有一个很令人叹服的故事。那是在淝水大战决战时刻，谢安不是坐卧不宁，而是若无其事地与人下棋。其间，他的侄子谢玄的捷报传到了，谢安看完信，默然无语，徐步走回棋局。直到有人问战局如何，他才平静地答到："小孩子们打了胜仗。"表情和平常一样。这便是一代名相的风范。

与谢安一样，古今中外的许多名将和领袖，都具有

从容不迫、指挥若定的气度和雅量，这使得他们得以屡屡化险为夷、大胜而归。最为令人感叹的是，在"行动的高温"里，成功的领导者仍能保持从容不迫的气度，这种"高温"包括猛烈的批评、巨大的争议、超常的压力，也包括变革的挑战。在这种情况下，能够做到从容不迫，不只是一种勇气，也是一项技巧，更是一种气质，就像巴赫的音乐一样，优雅、大气、澄明，即使是迅疾的旋律，在他那里也是一派从容不迫。

某大企业招聘，上千人报名，但只招一人，真是千里挑一。当然，待遇也是很高的。竞争到最后，只剩下甲乙两人，第二天由总裁亲自主持面试，决定谁留谁去。因为天色已晚，这家企业的人事部便将甲乙两人安排到公司的招待所住下，并告诉他们，只管好好休息，吃、住由服务员负责接待，明天早上八时面试。

一进房间，甲就琢磨起来：关键时刻到了，两人中选一个，我明天一定要好好表现。可是"考官大人"——总裁会出什么千奇百怪的问题呢？甲越想头越大，越想心越不安，服务员把饭菜送进来了，他只是看看却吃不下去。直到晚上12点，他仍在阳台上徘徊。这时，服务员走进来，见他一筹莫展的样子，就关切地问："先生，需要帮忙么？为何这么晚了还不睡？"甲说："没什么，明天考试是最后一关，我有些紧张，所以睡不着。"

第二天，甲被敲门声惊醒，还是昨晚那位服务员。她递给甲一份早餐："吃完饭，您就可以回去了。"甲很吃惊："我还没有参加考试呢？"她说："不必了，我是总裁助理，是替总裁主持最后考试的。你为考试整晚睡不着，早上更是精神不振，以后公司经常会有头疼的事，你怎能应付自如呢？而乙从容不迫，应对自如，沉着应战，他的心理素质比你强，所以，他更合适我们公司，你另谋高就吧。"

这种出其不意的考试，在不知不觉中测试了你的心理素质。我们暂且不管这样的招聘方式是否可行、可取，也不去管甲、乙真正的水平的差异有多大。但就心理素质而言，从容不迫的精神对于个人，尤其是对一个管理者来讲更是必须的！

从容不迫还意味着留有余味。古罗马的哲学家曾经告诉我们，在所有的事情中都要有所保留，这是保存能量的切实的办法。在大多数场合，一个人不应该用尽他的能量和精力，后援力比攻击力重要，后劲比冲劲更

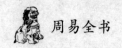

重要。

以世界杯足球赛为例，在长达一个月的赛事中，最终夺冠的球队往往是渐入佳境的，他们在开赛之际表现得往往并不完美，但随着赛程的深入，他们却厚积薄发，一飞冲天。1982 年的意大利队就是最好的例子。

即便是在赛前，成熟的球队也尽量避免过早出状态，避免毫无保留地曝光自己，虚虚实实、顾左右而言他是他们常用的伎俩。而在比赛中，他们一般不会一上来就孤注一掷，因为他们知道一场比赛是 90 分钟或 120 分钟甚至更久，而不是 10 分钟。本杰明·富兰克林的名言"孤注一掷之后，堡垒和处女都不会坚持很久"，似乎成了"狐狸"教练的座右铭。

一个球队从容不迫还有一种潜在的好处，那就是不激怒对方。一般来说，你怎样对待别人，别人就会怎样对待你。如果你球踢得凶巴巴的，动作大，态度也无礼，对方就很可能会被激怒，他们内在的潜力就很可能迸发出来，以至出现惊人的表现，即便是赢不了你，对方也很可能同样还以颜色，被踢伤或者因为发生冲突而被红牌罚下的你还能参加下一场比赛吗？而在世界杯的历史上，恰恰是一些球员的不冷静导致被罚或受伤下场而为球队的失利埋下了伏笔。生活中也是这样，你的从容不迫会"解除"许多人的"武装"，使你前进的路走得更快、更稳。

将领靠的是顽强的意志，部队靠的是高昂的士气。人的情绪容易波动因而难以控制，要想使下面情绪稳定全在于将领镇定的素质。能镇定，惊恐可以安定，有叵测之心的人不敢另有所图，这样，敌百万之众都可以消灭。意志坚定并且始终坚持自己的决心，士气奋发而勇气倍增，行动没有不成功的。

"镇"，即镇定——面临危机而心绪不乱。"镇"字揭示了将帅的思想修养与用兵取胜的关系。

"卒然临之而不惊，无故加之而不怒"，方显出英雄本色。

"泰山崩于前而色不变，麋鹿兴于左而目不瞬"，才可称大将风度。

懂得自己应该做什么

原文：习坎，入于坎窞，凶。

释义：置身于重重的艰险困难之中，落入到陷坑的最底下，结果必然是凶险的。

释例：在国外，对成功与非成功人员的对比研究发现，凡是那些有着明确的自我意识，懂得他们在工作中要做什么，并且知道通过什么样的方式可以圆满完成工作的员工，他们往往在以后的提升名单中占有相当大的份额。而那些似乎至死都认为"我这人做不了这个"，或躲在一旁以羡慕的眼光看着同伴升迁的雇员，他们往往做出了连他们自己都不敢相信的糟糕的工作结果。

曾经有人对个人成功与自信的关系做过细致的调查研究。这项调查经历了一个相当长的过程。

调查者们对一群智商超众的"天才"少年（年龄10至11岁）进行了跟踪调查，调查时间前后长达20年。在这群昔日少年长成大人以后，有的功成名就，有的却还在为生计而奔波。对于这种巨大的反差，研究者给出了最具权威性的解释。

三个最基本的因素，被调查者认为是区分成功者与不成功者的关键：对目标的执着和是否有顽强的毅力和强大的自信。

很显然，成功者的优势就在于他们对自身的长处与局限心中有数，通过他们坚持不懈的努力与无畏的精神，他们能够弥补自身的短处，并且靠着他们旺盛的激情与必胜的信念，在精神上处于成功的巅峰。否则，就会使自己"置身于重重的艰险困难之中，落入到陷坑的最底下"。

一种才具，有用和无用，还得看在谁的手中。能用才的，无用可变为有用；不能用才的，有用也是无用。

人亦同此理，关键是用对地方。

自生命萌动之初，你在人世间便有了自己的位置；到生命终结之际，你在大地上仍有自己的位置。在整个生命历程中，你一直同"位置"打交道。一个人要想在这个世界上将自己的能力发挥到极致，就必须找准自己的位置。

人们常说："好男儿，志在四方，要敢于做时代的

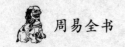

弄潮儿，在茫茫人海中找准自己的位置"。这个位置其实就是指你在这个世界上的位置。人只有找准了自己的位置，才能充分利用这个有利的位置，发挥自己的优势，才能在事业上取得成功。

伟大的文学家、思想家、革命家鲁迅先生起初他是学医学的，当医生是他人生的位置。后来在日本学医期间，他发现中国人在精神上的疾病比在身体上的更严重，于是决定弃医从文，用他那如椽之笔将中国人的精神麻木之态表现得淋漓尽致。他的作品一针见血，在文学上取得了巨大成就。因此，鲁迅先生找准了自己的位置，并在这个有利的位置上大显身手，令人仰慕。

如果找不准自己的位置，那么你有可能一生都郁郁寡欢，因为你无法施展自己的本领，只能英雄无用武之地，浪费人才。正如人们所说的："要善于经营自己的长处。"要经营自己的长处，就要找准自己的位置。因为空有本领不行，还应该发挥出来。这就需要找位置，看一看在什么样的位置才能一展身手。

要找准自己的位置，重要的是必须明白自己到底能干什么。

19 世纪时，有一个穷困潦倒的青年，从法国的乡下流浪到巴黎。他找到父亲的一位朋友，希望他能够帮自己找一份工作，使自己能在这个大城市中站得住脚。

他们在父亲朋友的家里见了面。寒暄之后，父亲的朋友问他："年轻人，你有什么特长呢？精通数学吗？"

青年羞涩地摇摇头。

"历史、地理怎么样？"青年还是不好意思地摇头。

"那么法律或别的学科呢？"青年再一次窘迫地垂下头。

"会计怎么样……"

范蠡，春秋时期，与文种共同助越王勾践称霸后归隐经商，免去了"狗死狗烹"的结局，可谓深谙进退之中道。他将《周易》的"阴阳"用于兵法，提出"阳而至阴，阴而至阳，""后则用阴，先则用阳"的策略

父亲的朋友接连发问，青年都只能以摇头作答，无声地告诉对方……自己一无所长，连一点儿优点也找不出来。

父亲的朋友似乎显得很有耐心，他对青年说："那你先把自己的地址写下来吧，你是我老朋友的孩子，我总得帮你找一份差事做呀。"

青年的脸涨得通红，羞愧地写了下自己的住址，就急忙想转身逃开，离开这个令自己深感耻辱的地方。可是他却被父亲的朋友一把拉住了手臂，对他说："年轻人，你的字写的很漂亮嘛，这就是你的优点啊，你不该只满足找一份糊口的工作。"

由于发现了自己的优势，从此，这个青年找准了自己的人生位置，开始发奋。数年后，这个原来沮丧失望的青年果然写出了享誉世界的经典作品——他就是家喻户晓的法国著名作家大仲马。

发挥自己的优势，找准自己的位置，那么，你就能找回自己，也就找到了自己人生的快乐。

惹不起，难道还躲不起吗

原文：物不可以久居其所，故受之以《避》。

释义："退避"并不等于望风而逃，消极遁世。恰恰相反，不善于退避，不谙这门高超的学问和艺术，文化修养中没有这份可贵的情操，就算不得是一位智勇双全的君子。

讲到《避》与《恒》之间的联系，《序卦》是这样说的："物不可以久居其所，故受之以《避》"。

释例：中国的历史经常是小人当道，大丈夫倒霉，于是乎就有了一个经常要用到的发明："惹不起，难道还躲不起吗？"当然，有"小人不可得罪，只有敬而远之"的意思。

"见义不为，无勇也。""义"就是"宜"，凡"宜"也者，都是经过再三权衡的。这就说明"退避"并不等于望风而逃，消极遁世。恰恰相反，不善于退避，不谙这门高超的学问和艺术，文化修养中没有这份可贵的情操，就算不得是一位智勇双全的君子。

　　向来世间推行斗争哲学，鼓吹"真的猛士"，说什么："不斗则垮，不斗则修，不斗则亡"，"八亿人口，不斗行吗?"好象只要能让天下斗起来，就用不着计划生育，就用不着搞经济建设，就用不着发展科学和教育，什么问题都能用斗来解决。

　　于是乎父不父子不子，夫妻反目六亲不认，"亲不亲，阶级分"，你折腾我，我折腾你，有进无退，不是你死就是我活，大人色变，小人眼红，大家全朝死里折腾，"龙战于野，其血玄黄"，天下全没有活路。

　　人生道路上，我们只知道前进，往往忽略了后退，忽略了避让和妥协。

　　而人在日常生活当中，以走路为例，不仅仅是前进的，还时有绕路，有后退，也有避让。但在人的思维里，似乎没有后者，只知道一味的前进。

　　还有一些人潜意识里，把除了前进之外的举动，都归到懦弱、胆小、没本事、没中用等等。这真是天大的误会!

　　其实，必要的后退、避让与妥协，才是真正的勇敢，才是真正的有本事。

外交上有一句名言：没有退让与妥协，就没有外交；外交是一门相互妥协的艺术。

人，不可能一辈子都在前进，也不可能一辈子都没有避让。

一颗石子从天而降，假如人会预先发现，他是要本能的避让，不可能还跑上去，伸长脖子把头递过去让石子砸的。

真正的智者生活，是进退自如。

前进固然好。一万年太久，只争朝夕！

但我们还有应对非常的经验：退一步海阔天空。

何况我们还有：宁停三分，不抢一秒。

《周易》里，有一个"遁卦"，专门论述人生退避与妥协的艺术。

《周易》认为，退避和隐遁，是人生的自然法则。《周易》还有另一个重要思想，就是"变通"。退避或隐遁，都是变，变了就通。

所以说，当需要退避的时候退避，它是一种积极的选择，并非消极。

《周易》的遁卦告诉人们，比方说，你有济世之心，

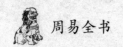

但如果前进，前方两个小人在伸张，这就是君子不得不退避的时刻。

退避不是失败，而是"逐而亨也"。《周易》认为，应当退避的时候，你退避，所以亨通。为什么呢？你虽然暂时退避，但你的正气依然，有高洁的操守，如果继续发挥自己的影响力，可以亨通。因为对小人来说，虽然势力伸张，但如果你正气凛然，坚守纯正，小人就不至于胆大到逼害孤高的君子。

也有点像我们常常说的，身正不怕影子歪。

如何退避？什么时候退避？

《周易》教你一个智能：把握时机。《周易》认为："小人渐进，是君子决定进退最困难的时刻，因而进退的时间意义，就太伟大了。"

退让或退避之后，不是萎靡不振，而是"君子以远小人，不恶而严"。就像山与天的关系，你山再高，也不会碰到我天。因天太伟大，太高远了，不是山所能企及的。

远离小人，但不是憎恶小人，而是严于律己，以使小人不能接近（或者不好意思接近）。

我们在一些时候，感觉身不由己，要退避而不能，那是"拖累"与"眷恋"的缘故。

《周易》说，一个刚强得正的人，如果被下方的小人拖累，在应当隐去的时候却犹豫不决，就像得了厉害的疾病。言下之意，如果是这样也就等于无药可救了。

另一种情形是，小人特别会来事，会侍候，你同小人有了感应，在你应该与小人决裂的时候，你却摆脱不了所好，这就是"眷恋"使你退避不了。

《周易》说，在这种情形下，君子能做到，小人就做不到了。在明了小人的行径之后，即使小人听话，孝敬，但都能当断即断，退避他，这叫"逐好"。

妥协是一种智能，是一种大度，甚至是胜利的法宝。

妥协的一种方式是退避；另一种方式是适可而止。

当止即止，不用强，那就是妥协。

《周易》说："时止则止，时行则行，动静不失其时，其道光明。"

应当止的时候止，应当行的时候行，动静不失时机，前途必然光明。

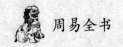

　　如果人生没有妥协，过分的刚强偏激，《周易》上说，就像背部的肌肉被牵扯着，动弹不得，成了死局。如果以人事比拟，就是上下左右的人都不能和谐相处，以至上下叛离，左右决裂，就好象心被火熏那样的不安。

　　正所谓"艮其限，列其夤，厉熏心"是也！

　　如果该妥协的时候不妥协，有可能搞得众叛亲离。

　　有值得一提的，以期引起读者注意的是，妥协其中一个很重要的方面是言语上的妥协。

　　说话要有分寸，要中肯，要条理分明，这样会使后悔消除。

　　不说过头话，留有余地，那就是言语上的妥协。

　　妥协往往比进攻收益大。以静代动，以逸代劳，渔翁之利，往往都带有妥协的色彩。不与之争，争之不利；不与之斗，斗之有亏。让一步柳暗花明；退一步海阔天空。

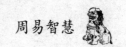

目光跳出亲眷的圈圈

原文：同人于宗，吝。

释义：只和本宗本派的人和睦相处，必然会惹来一些麻烦。

释例：香港企业界，有个不成文的规矩，就是不希望自己的事情有亲戚好友的介入。因为沾亲带故会把个人的感情纠葛和麻烦事带到事业和工作中，会造成不应有的损失。

同人相处最忌讳的是闹宗派，立山头，在倡扬天下大同的同时，又要防止宗派和同的弊端，作为一个看问题全面的人，对此应有一个清醒的认识，注意自己的行为中千万不要带有这种求同的感情色彩，更要防止卷入宗派的漩涡。要做到这一点，就要把握好自己的心态，拓宽自己的心量。

法国著名作家雨果曾这样说道："世界上最宽阔的东西是海洋，比海洋更宽阔的是天空，比天空更宽阔的是人的心灵。"我们不要斤斤计较个人的得失，大事讲原则，小事讲风格，求大同，存小异，互谅互让；能认真听取和善于采纳不同意见，"豁达大度，从谏如流"，绝不能因别人与自己的看法不一样，就对其排斥否定，侧目而视；要不徇私情，不计较个人恩怨，不从个人好恶出发；要允许别人犯错误，并真心帮助他们改正错误，要宽宏大量，宽厚容人，绝对不可落井下石，幸灾乐祸，一脚踢开。不仅要团结和自己意见相同的人，而且更要善于团结和自己意见不同，甚至同反对过自己的人一道工作和生活。

我们要具有合作精神，同时要善于合作，不但与自己喜欢的人合作，还要善于与自己不喜欢的人合作。不要以自己的好恶弃人。

上班一族，经过一上午紧张的忙碌，中午大家一起吃午饭，聊聊趣闻逸事，也是一种很好的放松和休息。可是，W君和大家一起吃过两顿午饭之后，就开始一个人吃方便面了。主任后来有一次跟他单独谈工作，谈到同事，他扔出了一句话："看见他们就恶心。"主任心中一惊，问明原因后，却又哭笑不得……

原来，中午吃饭的时候，几个编辑很喜欢谈网络游

戏。在 W 君看来，这帮人简直就是些没有远大抱负的
"混世魔王！""道不同，不相与谋。"所以 W 君就决定
不跟他们一起吃午饭，上班下班，见面也不跟他们
搭腔。

作为同事，志同道合，那自然好。但是在绝大多数
情况下，我们的同事都有着自己各自不同的背景、经
历、价值观和人生观。你不喜欢跟别人讨论游戏，那就
自己抓紧时间多吃点好菜嘛！不接受他人，只能是孤立
了自己。话说回来，大家是在工作上共事，关键在于工
作方面是否能够协作，业余时间谈什么，不喜欢的就当
作没听见。到了"看见他们就恶心"这份上，除了搞得
自己不合群之外，还有什么好处呢？

人是利益动物，趋利避害，名缰利锁，很难免俗。
在职场里，明处摆着竞争机制，暗地里藏着微妙的人事
纠葛，更是如此。特别是当成为"战略对手"的时候，
一个员工很难去欣赏另外一个员工，自然就会出现"文
人相轻"的现象，不是通力合作，而是互不欣赏，甚至
互相拆台。

道德价值是相对的。我们认为是不端的品行，他自

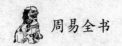

己可能认为很好。反过来也一样。只要他不把自己的价值标准强加在我们身上，就可以同他和睦相处。道不同不相与谋，这是对的。但道不同则白眼相向或老死不相往来，就有失厚道，是犯不着的。

我们不喜欢甚至讨厌冒犯了我们的人，这也很正常。但我们不能由此得出结论说，这人就不是好人或一无是处等等。不要因为自己的好恶，而影响对人评价的公正。

现代社会是一个合作的社会。一个不懂得合作的人，必将感到步履维艰；而一个善于合作的人，却会感到如鱼得水。合作的基础是摒弃门户之见和自满心理，以心换心，以诚换诚。

人无完人，当然也不可能一无是处。去过庙的人都知道，一进庙门，首先是弥勒佛，笑脸迎客，而在他的背面，则是黑口黑脸的韦陀。但相传在很久以前，他们并不在同一个庙里，而是分别掌管不同的庙。弥勒佛热情快乐，所以来的人非常多，但他什么都不在乎，丢三拉四，无法好好地管理账务，所以依然入不敷出。而韦陀虽然管账是一把好手，但成天阴着个脸，像所有的人都"欠了他的谷子还了他糠"，搞得人越来越少，最后香火断绝。

据说佛祖在查香火的时候发现了这个问题，就将他们俩放在同一个庙里，由弥勒佛负责公关，笑迎八方客，于是香火大旺。而韦陀铁面无私，锱铢必较，则让他负责财务，一丝不苟。在两人的分工合作中，庙里一派欣欣向荣的景象。

所以在职场，要学会欣赏他人，充分发扬每个人的长处，扬长避短，资源共享，形成合力，才能取得 1 + 1 > 2 的效果。

在承认人的个性差异前提下学会接纳他人，社会接纳性是建立良好人际关系的基础。在与人交往中，要学会理解与尊重他人，真诚地对待他人。古人讲："己所不欲，勿施于人"，愿你能将这句古训常记于心，善待一切人与事。给他人与自己创造一个和谐的工作学习环境。

记着，别人也许完全错误，但他并不认为如此。因此，不要责备他，只有傻子才会那么做；试着去了解他，只有聪明、容忍、特别的人才会这么做。

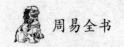

当你被迫与自己不喜欢的人合作时，要注意以下几点：

（1）要忍让。宁可自己受些委屈或吃点亏，也不要为小事与对方争个脸红脖子粗，甚至头破血流。

（2）要主动接受对方。你可以伸出友好的手，主动和对方打招呼。对方原来可能怀有的对你的戒备心或敌意就可能化解。你很客气地提出的一些问题，他们就可能会加以注意和改进。

（3）要把你想象成对方。站在对方的角度考虑问题，就可能体会他们的想法，从而修正自己的一些不正确的做法。这样有助于双方关系的改善。

（4）要接受他人的独特个性。不要妄图改变人人都有其个性这个事实，接受对方的本来面目，对方也会尊重你的本来面目。切忌不要强迫别人接受你的观念。

（5）要去想对方做对了的事。对方也不是总是那么招你烦的，他们也有好的一面，试着去发现这一点。

（6）要以自己的言行去感化对方，影响对方。要注意自己的态度和方式，切不可弄巧成拙。

只要遵循以上原则，慢慢学着与人合作，你将会变成一个善于合作的人，他山之石可以攻玉，这个时代朋友和信息都是一种资源，取彼之长，可以补己之短。你的能力将会大为提高，才能够做出应有的业绩，获得上司的青睐，也会被同事称为是一个聪明的人。

凡事从小事做起

原文：求小得。

释义："求小得"指追求较小利益。蛋糕要做大，首先要会做小。

释例："求小得"乃是将来"大得"的基础。

凡事要从大处着眼，要从小事做起，不肯从基本上下功夫，从基层的工作去做的人，永远都不会有大的成就。

人生说起来有百年之寿，其实很短。古人说人生就像飞奔的白马跳过一条小小的沟渠一样。正因为人生苦短，所以要办成几件大事实在并不容易。

我们往往放不下架子，不能从小事、从最基层工作做起，自命不凡，总认为自己是干大事的料，期望一步

登天，不知凡事都需要日积月累。还有一些人总是抱怨周围环境不利于自己发展和成功，诸如区域太小、老板不好、老婆不能干、朋友不帮忙，这样的客观原因数不胜数，将富不起来归咎于运气不好！从来没有想过其实最最根本的原因是自己不屑于做小事。所谓"一屋不扫，何以扫天下！"

"天下大事必作于细"，意思是说凡事都要从小事做起，从眼前的杂事做起，坚持到底，才能将事情做好，达到长远追求的目标。为人处世，只要能够不辞劳苦，坚持不懈，那么，即使像女娲补天那样翻天覆地的难事，也终能扭转乾坤，获得成功的。

有一个善于反省的人，在他生命中的某一天，突然省悟到自己迄今所做的全是微不足道的事情。他想到生命的短暂，不禁为自己虚度了宝贵的光阴而痛心，于是他发誓用剩余的生命做成一件最有价值的事情。许多年过去了，他一直在寻找那件足以使他感到不虚度此生的最有价值的事情。可是，他没有找到。结果，他什么事也没有做，既没有做微不足道的事情，也没有做最有价值的事情。

机会总是从你身边走过，你不用心去观察，怎能发现最有价值的事情呢！一味的去寻找，去发现又会有多大的收获呢？一个会发现身边的小事，会寻找微不足道的事情的人才会有可能发现最有价值的事。

人的一生到处都是大大小小的事，但只要会观察会去发现这些事情，那你的一生总算还是有点收获，没有白活，寻找有价值的事情必须从寻找微不足道的小事做起，从小事一步步的走向成功，一步步的向最有价值的事情走近。做一件小事也就等于向成功与最有价值的事情靠近了，走近了。连一件小事都不做的人怎能做得了一件最有价值的事？

人的一生总之只有一句话："凡事从小事做起"。

正所谓"海不择细流，故能成其大；山不拒细壤，故能就其高"。我们应认识到了细微处体现的大文章，反思起我们浮澡的心理，反思起我们工作的态度，反思起我们为人的素质，甚至反思起我们的文化。

何为细节？何为大事？何为成败？也许在每个人的眼中都有着不同的含义。每个人都有满腔热血干一番大事业的雄心，期盼或功成名就，或衣锦还乡，或企业百

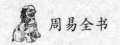

年兴旺，或民族昌盛，……但我们有多少人能做成其中的一件呢？一谈到这些就免不了浮躁情绪的滋生，苦于自己的"文韬武略"无从施展，天降大任于斯人，怎能纠缠区区细节！于是乎"中国人从不缺乏勤劳，从不缺乏智能，但我们最缺的是做细节的精神"。

把我们所谓的成功、所谓的大事比作一棵参天大树，那么小事就是每一条树根，每一片树叶，没有根，没有叶，何谓称做树。

凡事都要从小事做起，从我做起，从与他人的合作开始，认认真真的做事、做人。将小事做细是需要耐心和毅力的，需要养成一种习惯，要自觉培养良好的个人素质，才能成就自己。

循循善诱，慧眼识人

原文：包蒙，吉。纳妇，吉；子克家。

释义：为蒙昧者所包围，吉祥。娶妻，吉祥。儿孙辈已经能够胜任家务事。由于渴望接受教育，上进心很强，所以连孩子们都已经能够治家了。

释例：我们对后进者的教育工作要想做到家，要想让他们成为有用的人，首先还得以极大的包容心态去教育他们，循循善诱地去引导他们，刚与柔相济，方能凑效，否则，生硬地说教，毫无包容地呵斥，都只能适得其反，把事态弄糟，甚至会使自己下不了台。凡是有宽容心的人，即使一时脾气大了点，方法粗暴了点，身边的人都能心服口服地甘愿接受。可见，"包蒙"——以包容大度为本怀的教育方式，对一个用人者来说是多么的不可忽视。

拿破仑·希尔曾经说过：当智慧的黎明将其翅膀张开，笼罩住进步的东方地平线，无知和迷信的最后的脚印留在时间的沙滩上时，在人类的犯罪与错误记录簿上，将要记载着：人类最悲哀的罪恶就是"不能容忍"。

最严重的"不能容忍"，系从种族与宗教观念上的歧异而产生的，这也是儿童时代早期训练所造成的结果。哦，人类命运的主人，我们这些可怜的凡夫俗子要到什么时候才能了解我们的愚蠢。只不过是为了一些教条、教义及其它肤浅事物上的歧见，我们竟然企图彼此互相毁灭？

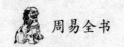

我们在这个地球上的时间，只不过是稍纵即逝的一段。

我们就如同一根蜡烛，被点燃之后，发光一段时间，然后就熄灭了。在如此短暂的世俗生活中，我们为什么不能好好把握，当那种被称作"死亡"的大篷车停止前进，并宣布这项旅程即将结束时，我们立即收起我们的帐篷，像沙漠中的阿拉伯人一样，既不恐惧，也不发抖，默默跟随这辆大篷车走入未可知的黑暗世界！

我希望，当我们穿过大门，进入那另一个世界时，我在那儿再也看不到犹太人或异教徒、天主教徒或基督教徒、德国人或英国人、法国人或俄国人、黑人或白人、红人或黑人。

我希望，我在那儿只能找到人类的灵魂，兄弟姊妹，没有种族、教派或肤色的差别，因为我希望解除"偏执"的困扰，使我能够躺下来，长时间的休息，不受争斗、无知、迷信及世俗生活中普遍存在的混乱、悲哀及误会所打扰。

我想，当你读过这番话后，你的心量一定会拓宽许多，脾气也会小了许多，对人们的微笑也会自然而然地

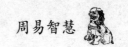

多了许多，你的信心同样会随之提高许多。但愿每一个人都能有如此的"包蒙"胸襟。

做事抓重点才不乱

原文：得其大首。

释义："得其大首"就是"得其大要"，我们做事情要抓重点而不拘小节，赚大钱不计小钱。这无疑是人生场上的一条金科玉律。

释例：雪峰禅师和岩头禅师同行至湖南鳌山时，遇雪不能前进。岩头整天不是闲散，便是睡觉。雪峰总是坐禅，他责备岩头不该只顾睡觉，岩头却责备他不该每天只顾坐禅。雪峰指着自己的胸口说："我这里还不够稳定，怎敢自欺欺人呢？"

岩头很是惊奇，两眼一直注视着雪峰。

雪峰道："实语说，参禅以来，我一直心有未安啊！"

岩头禅师觉得机缘成熟，就慈悲地点化道：

"果真如此，你把所见的一一告诉我。对的我为你

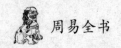

印证，不对的我替你破除！"

雪峰就把自己修行经过说了一遍。岩头听完后，便喝道："你没有听说过吗？从门入者不是家珍。"

雪峰迷惑地说："那我以后该怎么办呢？"

岩头禅师放低声音道："一切言行，必须要从自己胸中流出，要能顶天立地而行。"

雪峰闻言，当即彻悟。

世间的许多所谓道理都是从外部现象上去总结的，而禅机则是从内心本体上去证悟。雪峰久久不悟，是因外境的森罗万象在心中还有所执着迷惑，无法打消妄念。"从门入者。不是家珍"，要能

"从心流出，才是本性"。这就是告诉我们，凡事不要在细枝末节上钻牛角尖，而要从事物的根本上入手。

因此，在许多时候，做一件正确的事情，要比正确地做十件事情重要得多。在短暂的人生面前，做正确的事情是"延长"生命的最好办法。不要任意挥霍你的精力，把它们用在正确的地方。记得这样一则故事，有一次，一只鼬鼠向狮子挑战，要同他决一雌雄。狮子果断地拒绝了。

"怎么",鼬鼠说,"你害怕吗?""非常害怕,"狮子说,"如果答应你,你就可以得到曾与狮子比武的殊荣;而我呢,以后所有的动物都会耻笑我竟和鼬鼠打架。"这只狮子无疑是明智的,因为它非常清楚,与老鼠比赛的麻烦在于,即使赢了,不过战胜了一只"老鼠"。一般情况下,对于低层次的交往和较量,大人物是不屑一顾的,就像一个优秀的武士,是不会与一个蟊贼公开决斗的。

毕竟在一定时期内,一个人的资源和能量是有限的,你无法同时做好数件同等重要、难度又都很大的事情,更何况,还有那么多琐事会跑出来占据你大脑的空间,消磨你的棱角。

你如果与一个不是同一重量级的人争执不休,不仅会浪费自己的资源,降低人们对你的期望,还会在无意中提升对方的层面。

一位俄罗斯政治家就曾有过这方面的遗憾。由于他过于在意那些小人物的攻击,不仅耗费了许多精力与之周旋,而且也影响了他做冷静的判断,结果在重要的问题上判断失误,从而抱憾终生。不仅如此,由于他与那些人斤斤计较、"喋喋不休"，使很多选民都大感失望，这直接影响到他日后更高层次的竞选。对此，有政治学家评论说，如果他能够对有些人和事不屑一顾的话，以他的才智和人望，是完全可以成为俄罗斯数一数二的人物的。

因此，生活中最聪明的人往往是那些对无足轻重的事情无动于衷的人，他们很清楚该理睬什么，不该理睬什么，决不犯捡芝麻丢西瓜的错误，知道什么事情可以改变命运，也知道什么事情只会消耗青春。这样的人对那些较重要的事务无一例外会感到兴奋，同时也善于把无关紧要的事情搁置在一边。

在现实生活中，成功者大都深知"那些太专注于小事的人通常会变得对大事无能"，并很清楚"抓住大事，小事自会照顾好自己"的道理。一流的人物大都具备无视"小"（人物、是非）的能力，换句话说，障碍大都是相对而言的，除了必须搬掉的障碍之外，大多数障碍都可以忽略，如果要先搬掉所有的障碍才行动，那就什么也做不成。事实上，绝大多数所谓的障碍，在你超越那个阶段之后，也就不称其为障碍了。

同样的，一个人对琐事的兴趣越大，对大事的兴趣就会越小，而非做不可的事越少，越少遭遇到真正问题，人们就越关心琐事。这就如同下棋一样，和不如自己的人下棋会很轻松，你也很容易获胜，但永远长不了

棋，而且这样的棋下多了，棋艺会越来越差，所以好棋手宁可少下棋，也尽量不与不如自己的人较量。

心里有了大，才会放下小。有一项针对世界冠军的调查就很说明问题。调查者发现，那些夺得世界冠军的人往往很早就怀揣了这份特别的理想，并且十几年如一日地追寻，这其中，他们也遇到了其它人所常见的种种挫折

治军要求有功必赏，有过必罚，只有赏罚分明，才能战无不胜。此图为考较等第册式，古代军队中用于考核兵士，赏功罚过

243

但由于他们心中有一个高过一切的目标，因此很容易忽略那些在他们看来无关紧要的琐碎。长期的内力凝聚产生了惊人的效果，他们终于因为能够抓大放小、有所为有所不为而获得了成功。

这也应了美国哲学家詹姆斯的话，"明智的艺术就是清醒地知道该忽略什么的艺术。"他的言下之意就是，不要被不重要的人和事过多打搅，因为成功的秘诀就是抓住目标不放。

爱憎分明，亲疏无别

原文：公用亨于天子，小人弗克。

释义：王公前来朝贺，向天子贡献礼品并致以敬意，小人不能担任如此重要的职务。

释例：与人交往一方面要柔和谦逊，礼贤与人，同时又不可轻信奸诈小人。如果小人得势，上柔而下刚，必然引起麻烦。所以，有功则赏，有过则罚，是平衡上下刚柔的最好方法。

有功必赏，有过必罚，赏罚分明，此乃治军治政要律。

齐威王召见即墨大夫，对他说：自从你到即墨以后，我就一天天听到人家讲你的坏话。可是我派人去即墨视察，却看见那里是"田野辟，人民给，官无事，东方以宁"，情况良好。为什么会这样？是你没有贿赂我的左右，求他们给你讲好话。于是，齐威王奖励了即墨大齐夫。

威王又召见阿大夫，对他说：自从你做了阿的地方官，我就一天天听到夸奖你的好话。我派人去视察，看见的却是"田野不辟，人民贫馁"。赵国攻打鄄，你不救；卫国占据薛陵，你不知道。为什么会这样？是你用重金贿赂我的左右，求得他们的赞誉。当日就将阿大夫和左右讲假话的人都用"烹"刑处死了。"于是群臣耸惧，莫敢饰诈，务尽其情，齐国大治，强于天下。"

社会交往与之同道，兵法之理，时刻记在心中。那些对于我们有帮助的人，或者为我们而付出额外劳动的人，要及时给予回报，尽管他们口头说"这是应该的"，但实际上还是盼望你给予回报的。回报的多少，形式可不一，但总该有的，如果回报不及时也起不到太大的

效果。

如果朋友的帮助是为众所周知的，这种回报就该公之于众，"晓天下之人"。这样回报的作用会更大，不仅对他本人，而且众人看了也会"眼红"。"眼红"之余，很难想象他不会动心。人人如此，我们的朋友就会越来越多，我们的事业就会有更多人参与进来，事业又何愁不成功呢？

相反，如果这种"功"为众人所不知或不便告诉众人，此时这种回报最好私下进行，并向他说明回报之理由，切不可发之无理。

如果你的朋友有了过失，出现不必要的差错，就应该明确的指出来。要批评之有据，不让他抓住把柄。

对于年轻的朋友，要认真对待。年轻人上进心强，办事情积极性高，肯冒险，但由于经验不足，易于感情用事，办起事来难免出错，这时批评要十分注意。要给年轻朋友改过自新的机会，切不可不留后路，一棒子把人打倒。这样你会失去年轻人的信任，也可能失去一位得力的助手。年轻人随着年龄的增长，有时变化是很大的，所以这种罚要讲究方式。

可先私下和他谈谈，点出他的过错，和他说明利害，并鼓励他以后努力克服。如果非得公之于众，也要提前打个招呼，切不可突然在公众场合批评他，弄得他下不了台；或他根本没有认识到自己的过错，你这当头一棒，会令他灰心丧气，甚至恼羞成怒。

赏罚之道，还要谨防私人关系的介入，决不能以亲疏定赏罚，赏罚不明，乃军中兵法之大忌。

打天下要有朋友相帮

原文：往蹇朋来。

释义："往蹇朋来"意思是在吃苦过程中会赢得朋友，这无疑是我们事业胜利的好兆头。

释例："初九。同人于门，无咎。"

意思是出门就能与他人和同，没有灾祸。

与人交往，没有门户之见；与下级交往，没有门第之见，这种交往不含杂私情，表现出一种公正与豁达。

吴起是中国历史上的一位名将，既然身为名将，除了英勇善战以外，与士兵同甘共苦，在士兵中享有崇高

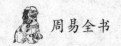
威望，也是他成功的一个重要方面。吴起在军队中总是和下级士兵们同甘共苦，穿一样的衣服，吃一样的食物，睡觉时不铺席，行军时不愿乘车，自己备粮食，并且自动分担士兵的苦恼。

吴起吮卒图，选自清·马骀《百将传图》。吴起是春秋时期著名军事家，爱卒如子，图为吴起为士兵吸吮伤口的脓血

有一次，一位士兵在阵前因为生了肿瘤而痛苦不堪，吴起见状毫不犹豫地用口将其肿瘤内的脓汁吸出。那位士兵和在场的人都感动不已，后来，那位士兵的母亲听到了这个消息，忽然放声痛哭起来。旁边的人觉得很奇怪，就问她："你的儿子只不过是一个小小的士兵，却承蒙吴将军亲自将他身上的脓吸

248

出来，你应该高兴才对，为什么反而伤心地哭泣呢？"

那位母亲回答："先夫早年也是吴将军不弃，吸取他肿瘤里的脓，从此他跟随吴将军四处打仗，以此报答吴将军的大恩，最后终于死在战场上。如今吴将军又为我儿子吸出脓汁，这不是说明我儿子也将步他父亲的后尘吗？这叫我怎么不伤心呢？"

可见吴起的行为对士兵的影响多么大。与人相处如果能与其同甘苦共患难，处处为他人着想，难道还怕没有忠实于自己的朋友吗？

友谊是人生的需要，是人类最美好的感情之一。人非草木，孰能无情？人生离不开友谊，事业离不开友谊。俗话说，"一个好汉三个帮"，好汉都要三个来帮，何况许多时候我们还不是好汉呢？一个人要想成就一番事业，离不开朋友们的帮助。与朋友建立了真挚友谊，就会使人奋发向上，充满活力、更加幸福！

安定的环境，和谐的人际关系，是人生成功和发展的基本条件。但这一点，一般来说，人不到35岁可能没有深切的体验。年轻的时候，总以为，有本事，有知识，有闯劲，就能成功。其实不然，人的成功很大的因

素取决于人际关系。

还有，"出门靠朋友"，这句谁都会说的俚语，说出了事业成功所需要的人缘。只不过许多人没有人心罢了。

有一位不算太大、也不算太小的首长离休以后，往日身边前呼后拥的热闹景象顿时消失。在难耐的寂寞与孤独中，他感慨地说："现在看来，我的同事很多，朋友很少！"

说实在的，懂得交友乃是人生的一种境界。

有的单位首长似乎意识到交友的重要性，于是提出要求，领导同志要在自己分管的部门中结交几个朋友。于是拟定一个名单，登门拜访，嘘寒问暖，征求意见，交起朋友来了。应该说，这是工作作风的一个进步。然而，这种用上下级关系捆在一起的朋友，时间长了，也许渐渐变成至友，更可能变成一种形式、一种额外负担。

因为交朋友不是一厢情愿的事，不能"钦定"，不能"拉郎配"。交友，是感情的互相沟通、互相理解、互相容纳、互相信任的自然的过程，它是信赖、慷慨、无私的感情培养出来的一棵常青树。

一般来说，为官多年，条件优越，联系面广，应当能结交一批朋友，为什么反而"朋友很少"呢？

君不见，我们有的同志一当官就变得孤傲起来，自视高人一等，像戏剧中的为官之人，走路是官步，说话带官腔，让人敬而远之，畏而遁之，或者，他们以为有权势必然有朋友，凡是向自己微笑的人都是倾慕自己的朋友。一旦退休，才发现这是一个可悲的错觉。

人生离不开朋友。一句古语说得好："万人丛中一握手，使我衣袖三年香。"流行歌曲则唱道："朋友多了春常在，朋友多了路好走。"说浅显真浅显，说深奥真深奥，可是就有些人几十年来，也未必能悟。

日常生活中，出现一些人际交往的困难、不适应，这是难免的、正常的。但是，人际关系严重失调或经常失调的人，往往有可能存在个性缺陷、认知错误或心理障碍。因此，对于人际关系适应不良状况，应作具体分析。

改善人际关系，增进入际交往，不仅对心理健康影响重大，而且是一个人生存和发展的必要条件。在交友

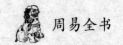

中，应注意以下原则：

交友原则之一：善交益友

益友，指能够帮助自己上进的朋友。这里所说的帮助，包括品行方面，也包括知识学习等方面。我们应该同那些能够帮助自己进步，能够在某些方面给自己以良好影响的人交朋友。在生活中，人人都希望自己能够结交益友，让友谊的力量来为自己的进步助一臂之力。那么，我们每个人也应该同时完善自我，争取成为他人心目中的益友。

交友原则之二：乐交诤友

诤友，指能够直言不讳地指出自己的错误，批评帮助自己的朋友。真挚的友谊，不仅表现在能与朋友共享欢乐，能为朋友排解烦恼，能替朋友分担不幸；还表现为对朋友的缺点和错误能进行坦率地批评与诚恳地劝告。乐交诤友需要具备听取逆耳忠言的度量和知错必改的勇气。也正因为朋友间敢于互相批评，友谊才倍显纯洁和珍贵。因此，面对朋友直言不讳地批评，我们一定不要生气，甚至记恨朋友，而应该欣然接受，并且衷心地感谢朋友，做到乐交诤友。

　　阿拉伯传说中有两个朋友在沙漠中旅行，在旅途中的某点他们吵架了，一个还给了另外一个一记耳光。被打的觉得受辱，一言不语，在沙子上写下："今天我的好朋友打了我一巴掌。"他们继续往前走。直到到了沃野，他们就决定停下。被打巴掌的那位差点淹死，幸好被朋友救起来了。被救起后，他拿了一把小剑在石头上刻了："今天我的好朋友救了我一命。"

　　一旁好奇的朋友问说：为什么我打了你以后你要写在沙子上，而现在要刻在石头上呢？

　　另个笑笑的回答说：当被一个朋友伤害时要写在易忘的地方，风会负责抹去它；相反的如果被帮助，我们要把它刻在心里的深处，那里任何风都不能抹灭它。

　　朋友的相处伤害往往是无心的，帮助却是真心的，忘记那些无心的伤害；铭记那些对你真心帮助，你会发现这世上你有很多真心的朋友。

　　交友原则之三：不交损友

　　损友，指对自己的道德品行产生不良影响的朋友。损友的类型可以分成很多种，但其共同点是：在不知不觉中用不良的东西影响你，腐蚀你，导致你在道德品行

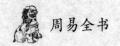

上倒退，严重者甚至使你走上违法犯罪的道路，从而毁掉你的一生。

与其它情感一样，友谊也有一个品质问题，也有品质的高低、优劣之分。与损友相交，那种友谊必是低品质的、有害的。因此，我们在生活中一定不能交损友。

善交益友、乐交诤友、不交损友，是我们交友的三原则。掌握好这三原则，我们才能建立起高品质的友谊，从而对我们一生的发展才能起到积极的推动作用。

刚强辅佐，沿袭政体

原文： 贞疾，恒不死。

释义： 坚守中正，预防祸乱，国中出现了不少弊病，但仍能长时间地支持下去而不致灭亡。

释例： 精通此种处世艺术的治乱高人刘备，他能因地而宜，因人而宜，善用他人长处，取其胜利。

他得张松西蜀秘图后，便欲图之为立国之本。他与孔明商量后，决定兵分两处，一处取西蜀，派庞统为军师，黄忠、魏延为将军，因孟达熟知西蜀内情故用之为内应，文臣武将各胜其职，滴水不漏；另一处守荆州，此乃战略要地，不能疏忽，留孔明总管荆州事务，又派熟悉荆楚地利、人情、军情的大将关羽、张飞听从孔明指挥。留守也文武齐备，各司其职。这样刘备就可在确保大本营不失的情况下，挥师取蜀。胜了可尽占两地之利，东拒东吴，北抗曹魏；败了退守有据。体现出刘备精湛的知人善任的处世之道。

还有一个善用他人长处的人叫韩滉，他是唐德宗时的镇海节度使，在用人方面，随才器使，都很恰当。有一位老朋友的儿子来投奔他。此人实在看不出有何所长。一次，韩滉曾经召请他赴宴，他始终端坐，不与邻座交谈一句话。照一般人的理解，这真是一个废物了。但韩滉却从他这一点，看出他有非凡的一面。就安排他看管库门。此人每天从早到晚一直端坐，更没有人敢随意出入。

"尺有所短，寸有所长。"这是我们平时常常听到的两句话，唐太宗在论用人时，也曾说过"君子用人如器"的名言。许多管理者经常抱怨没有人才，其实是缺乏一双识别他人长处的眼睛。用人如果能像韩滉这样，

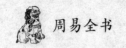

天下就不会有被弃置的人才了。

"又想马儿跑得好，又想马儿不吃草"，这是一种天真的幻想，是对"人才资源"的掠夺性开发。国外一些精明的企业家深深懂得"价廉才不高，才高价不廉"的道理，因此竞相通过优厚的薪金、待遇来吸引人才，并以重奖有突出贡献的员工的方式留住人才。如玛丽·凯化妆品公司就是如此。一方面，她用优厚的薪金建立一支素质高、效率高的雇员队伍；另一方面，对于技术一流、工作卖力的美容师和推销工作做得十分出色的员工，她给予第一流的奖励。奖励方式有出国旅行，奖给贵重物品，如豪华轿车、貂皮大衣、钻石戒指等，高薪和重奖，使该公司具有强大的吸引力。

成功贵在坚持自我优势

原文：改邑不改井。

释义："邑"，家乡。"井"，井水。"改邑不改井"是说换了地方但不换饭碗，万变不离其宗乃是在市场经济大背景下以定力取胜的一招常胜棋。

释例： 现代人的眼光很高，着眼国外，着眼前途，强调不论什么职业只要出类拔萃，让别人刮目相看就行，特别强调"升官发财"，似乎陷入一个冷眼看社会的怪圈，但我要问支撑成功的基础你落实了没有，要知道空中楼阁是不经风雨的！

《三国志通俗演义》版画之刘备称帝图。刘备知人善任，得到众多优秀文臣武将的帮助，最终在成都称帝

职业目标的选择并无定式可言，关键是要依据自身实际，适合于自身发展，值得注意的是伴随现代科技与社会进步，个人要随时注意修订职业目标，尽量使自己职业的选择与社会的需求相适应，一定要跟上时代发展的脚步，适应社会需求，方不至于被淘汰出局。

俗话说：

"尺有所短，寸有所长"，求职者择业应扬长避短，发挥自己的优势。美国著名作家马克·吐温曾一度投资经商，开发打字机，结果赔了 5 万美元，以后看到当出版商能赚钱，就开办了一家出版公司，结果很快又陷入困境。经过两次打击，马克·吐温终于放弃经商，改在全国巡回演说，发挥了他风趣幽默、才思敏捷的优势，获得了很大的成功。1898 年，他还清了所有的债务，成为名扬四海的演说家。

在择业过程中，要综合考虑自己的素质状况，并侧重某一特长和优势，以保证在职业岗位上出色地完成工作任务。注重发挥自己的素质优势对于择业非常重要，只有按照自己的素质所长选择职业，才能有利于胜任工作，实现人尽其才。同时，也有利于自身的成长，在从事的职业工作上，不断积累经验，提高能力，做到有所发明，有所创造。要发挥自己的优势，择业时必须考虑以下几点：

第一，选自己所擅长的。

自己擅长的主要是指自己的专业技能、生理特长、个性优势。

专业技能，是指你已经系统掌握所学的专业知识和受过某种专门训练已经具备的一些技巧能力，选择职业时，尽量做到专业对口，学以致用，有利于发挥自己的优势。如果为了追求较高的收入，不考虑自己的专业特长而选择了一种与你所学专业相关甚远的职业，客观上造成了用非所学，不能发挥自己的优势，虽然眼前增加了收入，但会给自己未来的发展增加难度。

生理特长，指自己的身体素质、生理条件，如身高、视力等。有些职业对身体条件有特殊的要求。视力稍差，不可能去参加飞行员的选拔测试，身材不高很难成为时装模特。每个人的身体和生理素质都存在着差异，应了解自己的所长与所缺，并据此去选择合适的职业，以利于发挥这方面的素质优势。

个性心理，指每个人在性格、气质、能力等方面的情况。不同的职业对求职者的个性心理都有不同的要求。求职者要了解自己的性格，选择适合自己性格的工作。如有的人生性好动，那么整天呆在办公室工作会使他觉得"乏味"，不妨考虑一下从事营销类的工作。有的人文静、内向，做事有耐心，不妨选择财务、统计、打字、化验等工作也许更为合适。依托求职者个性心理优势去选择相符的职业，会大大提高职业的适应性，增加取得职业成就的可能性。

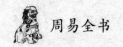

第二，选自己所喜爱的。

兴趣是最好的老师。追寻兴趣是人生内在冲动之一，满足这些需求是生命本身的意义，从事一种自己喜欢的工作，工作本身就能给你一种满足感，增加你的欢乐，你的职业生涯从此将会变得妙趣横生，你的人生途径从此多姿多彩。

选择自己钟情的职业，不仅会增添生活的情趣，更重要的是，这样会增加你成功的机率。

在设计自己的职业生涯时，务必考虑自己的特点，珍惜自己的兴趣。择己所爱，尽量选择自己喜? 欢的职业。当然，能找到发挥自己优势的工作，那? 是最好的，但如果一时找不到，那就要使自己的性格、爱好去适应那份工作。

在国外，对成功与非成功人员的对比研究发现，凡是那些有着明确的自我意识，懂得他们在工作中要做什么，并且知道通过什么样的方式可以圆满完成工作的员工，他们往往在以后的提升名单中占有相当大的份额。而那些似乎至死都认为"我这人做不了这个"，或躲在一旁以羡慕的眼光看着同伴升迁的雇员，他们往往做出

了连他们自己都不敢相信的糟糕的工作结果。

曾经有人对个人成功与自信的关系做过细致的调查研究。这项调查经历了一个相当长的过程。

调查者们对一群智商超众的"天才"少年（年龄10至11岁）进行了跟踪调查，调查时间前后长达20年。在这群昔日少年长成大人以后，有的功成名就，有的却还在为生计而奔波。对于这种巨大的反差，研究者给出了最具权威性的解释。

三个最基本的因素，被调查者认为是区分成功者与不成功者的关键：对目标的执着和是否有顽强的毅力和强大的自信。

很显然，成功者的优势就在于他们对自身的长处与局限心中有数，通过他们坚持不懈的努力与无畏的精神，他们能够弥补自身的短处，并且靠着他们旺盛的激情与必胜的信念，在精神上处于成功的巅峰。

同人与门，坦荡包容

原文：同人于门，无咎。

释义：出门就能与他人和同，没有灾祸。

与人交往，没有门户之见；与下级交往，没有门第之见，这种交往不含杂私情，表现出一种公正与豁达。

释例：吴起是中国历史上的一位名将，既然身为名将，除了英勇善战以外，与士兵同甘共苦，在士兵中享有崇高威望，也是他成功的一个重要方面。吴起在军队中总是和下级士兵们同甘共苦，穿一样的衣服，吃一样的食物，睡觉时不铺席，行军时不愿乘车，自己备粮食，并且自动分担士兵的苦恼。

有一次，一位士兵在阵前因为生了肿瘤而痛苦不堪，吴起见状毫不犹豫地用口将其肿瘤内的脓汁吸出。那位士兵和在场的人都感动不已，后来，那位士兵的母亲听到了这个消息，忽然放声痛哭起来。旁边的人觉得很奇怪，就问她："你的儿子只不过是一个小小的士兵，却承蒙吴将军亲自将他身上的脓吸出来，你应该高兴才对，为什么反而伤心地哭泣呢？"那位母亲回答："先夫早年也是吴将军不弃，吸取他肿瘤里的脓，从此他跟随吴将军四处打仗，以此报答吴将军的大恩，最后终于死在战场上。如今吴将军又为我儿子吸出脓汁，这不是说明我儿子也将步他父亲的后尘吗？这叫我怎么不伤心呢?"

可见吴起的行为对士兵的影响多么大。与人相处如果能与其同甘苦共患难,处处为他人着想,难道还怕没有忠实于自己的朋友吗?

度量大的好处在于能化解矛盾,消融争端,从而做得成事。查字典,大度,气量宽宏能容人,豁达大度,大度包容。从这解释看,要大度,就得心特宽,心特大,能容人,能容事。

这解释还说明,大度是人的一种品格,品行。品格、品行这东西属于道德范畴,不是天生从娘肚子里带来的,而是后天经过磨炼逐步形成的。大度是一种人生智慧,是一种识见定力,是一种道德高境。一个心胸宽广能够包容的人,必然是一个大度

诸葛亮伐魏,病死五丈原后,以度量大、能容人而著称的蒋琬升的任蜀国大将军。图为《三国志通俗演义》版画之孔明秋风五丈原

的人。

大度，关乎人的德行，也关乎人的见识，有德识者方能有度量，德、识则靠不断学习、修养才能获得。有人问程颐："量可学否?"程颐回答："可，学进则识进，识进则量进。"夏元吉先生也曾结合自己的体验说：我年幼时，有人冒犯我，我没有不发怒的。长大后，开始是在神色上忍让，然后在心里克制忍耐，时间久了自然习惯绝不与人计较，何尝是不学就能有度量的。

1936 年底，中共中央在延安开展了对张国焘长征途中阴谋分裂党、分裂红军的批判运动。由于这场运动出现了一些"左"的做法，激起了原红四方面军某些官兵的强烈不满。血气方刚的许世友第一个站了出来，并串联了一批原红四方面军的高中级指挥员，秘密商定重返大巴山打游击。事情泄露后，许世友、洪学智等 30 余人一起被抓，投入大牢。

作为"反革命武装集团"的首犯，许世友受到了最严厉的惩罚。他被戴上手铐，上了脚镣；原本每天必喝的酒也给断了。

许世友是个性情刚烈的人，如今，冤屈加断酒，他怎受得了？许世友把这一切全部归咎到毛泽东身上，他当着看押人员的面大骂毛泽东。毛泽东得知此事后十分震惊。他了解到这起串联外逃事件并不是一次反叛行为，只是这些人对批张运动存在的扩大化倾向，把整个四方面军的官兵和张国焘一起当成批判对象而感到强烈不满，因此愤而反抗。

毛泽东知道，许世友是个打起仗来不怕死，喝起酒来不要命的人。此时给许世友断酒是十分失策的，他当即让警卫员给许世友送去两瓶茅台酒，并且亲自去看许世友。毛泽东没有料到，许世友并没有消减半点怨气，酒他喝了，却是边喝边骂，他甚至一步蹦上前要和毛泽东拼命，吓得卫士们赶紧把许世友用麻绳捆得结结实实。许世友仍冲着毛泽东破口大骂："我要有枪，今天就一枪崩了你！"毛泽东是领袖，但同样也有着平常人的喜怒哀乐。他的一片好心被许世友弄了个没趣，心中自然有气。因此，当有人提议杀掉许世友，以示惩戒时，他竟点了头。

命令下达后，毛泽东又有些心绪不宁了。当罗瑞卿向他报告，说许世友要求枪毙前再见毛泽东一面时，毛

泽东未加思索地便答应了。没想到许世友坚持要带上他的手枪。毛泽东告诉罗瑞卿："把枪还给许世友，告诉他，还可以装上子弹。"

许世友听了以后惊呆了。眼前的事实，使他强烈地感受到了一位伟人的光明磊落、无所畏惧的胸怀……

很快，罗瑞卿便将许世友带进了毛泽东的窑洞。"许世友同志，你受委屈了。"毛泽东亲切地说道。听了这句话，许世友感动得泪花闪闪。他"咚"的一声双膝跪地，说道："毛主席，他们要缴我的枪，我不给，我把它交给你。能在死前见你一面，够了！我许世友只有一句话，姓许的不是反革命，王建安、詹才芳、洪学智、陈再道他们也都不是反革命！"

毛泽东双手将他扶起，动情地说道："四方面军的干部，都是党的干部、党的宝贝，不是他张国焘个人的干部。张国焘的错误应该由他自己负责，与你们这些同志没有关系。"

许世友哽咽道："毛主席，要早一点听到您这句话，我们就不会犯错误了。"

就这样，毛泽东以他伟人的大度和气魄，解救了许世友，解救了一批党和军队的栋梁之材。

三国蜀臣蒋琬在诸葛亮死后升为大将军，成了朝廷重臣。然而，蒋琬权大度量更大。部下杨戏性格狂傲粗疏，蒋琬和他商量事情，他常常不应不理。于是有人便在蒋琬面前陷害杨戏，说：杨戏对您真是太不尊敬了。蒋琬说：人心的不同，正像各人的面孔各异一样。表面上服从，背后又说反对的话，这是古人引以为戒的啊！要杨戏赞同我，这不是他的本性，要杨戏说反对我的话，又显示了我的错误，因此，他只好沉默，这可正是杨戏耿直的地方啊！位高权重的蒋琬竟能如此处事待人，足见他度量之大。

佛家有典故说：释迦牟尼佛功德圆满，有人却妒性大发，当面恶意中伤他。佛祖笑而不语，待那人骂完，佛问："假如有人送你东西，你不愿意要怎么办?"答："当然是归还了。"佛说："那就是了。"于是，那人羞惭而退。从某种意义上说，这个故事的喻意，不是在劝告人要像佛祖那样多些雅量么?

古今成大事业者，无不需要处理好各种人际关系。而在处理好人际关系的长期实践中，锻炼出一种大度容

人的高贵品格。

有好的开始有助于成功

原文：干元者，始而亨者也。

释义：在这里"元"与"亨"是连起来解释的，即原始的、完整的，整个是亨通的，而代表一个很好的开始。

释例：任何事情都是开头难，好的开始造就好的结果，这句话本是公元前 8 世纪希腊诗人海西奥德（Hesiodos）所说的，后来成为人人皆知的谚语。良好的开始，为成功打下了好的基础。

做任何事，总有个开始。开始时，有计划有目标，然后持之以恒地做下去，最后的成功将属于努力奋斗者。

"好的开始是成功的一半。"这是一句大家耳熟能详倒背如流的名言，它告诉我们做任何一件事都要有周全而完善的计划，拥有自己的理想与抱负，并努力实践，才会成功。

比如创业，创业者在寻找生财之道的时候，如何选准项目，避开陷阱，稳中求胜，必须三思而后行。项目本身一定要定位，也就是说要了解你的项目是干什么的，为哪些人服务。

时机也很重要。一个好项目，今年可能很好，过了今年也许就不好了，或者现在很好的项目，去年可能还不行。比如，五六年前就有朋友劝我开个数码冲印店，但当时数码相机很少，开个店消费群非常有限，如果搞个门面房慢慢撑着，到现在可能都赔完了。

所以，做一个项目还真要"天时地利人和"，要做通盘考虑。创业可以更好地实现自己的人生价值，但在时机不成熟的时候要走好人生的每一步。

凡事要一步一脚印，不疾不徐，不好高骛远，一点一滴累积下来。

成功的路途非常遥远，也十分崎岖难行，必须有周密的计划，妥善的安排，如此迈步前进才能早日攀登成功的山巅，高唱胜利之歌。

如果给你一张报纸，然后重复这样的动作：对折，不停地对折。当你把这张报纸对折了51万次的时候，

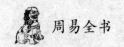

你猜所达到的厚度有多少？一个冰箱那么厚或者两层楼那么厚，这大概是你所能想到的最大值了吧？通过计算机的模拟，这个厚度接近于地球到太阳之间的距离。

没错，就是这样简简单单的动作，是不是让你感觉好似一个奇迹？为什么看似毫无分别的重复，会有这样惊人的结果呢？换句话说，这种貌似"突然"的成功，根基何在？

秋千所荡到的高度与每一次加力是分不开的，任何一次偷懒都会降低你的高度，所以动作虽然简单却依然要一丝不苟地"踏实"。

其实，这样的动作和事情我们每个人都会做，但又不屑于做，他们贯穿于整个日常生活，甚至你完成了这样的一个动作，自己都不记得。比如你每天都会把垃圾袋带出去扔掉，你会记得你用怎样的动作扔掉的吗？这也正像全世界都谈论"变化""创新"等等时髦的概念时，却把"踏实"给忘记了。"踏实"是每个人都能够做到的，可是你真正做到了新含义的"踏实"了吗？没有，所以你不是优秀的员工。

我们可以用比较形象的真实例子来说明"踏实"的

巨大力量。在美西战争爆发以后，美国必须立即跟西班牙的反抗军首领加西亚取得联系，因为加西亚将军掌握着西班牙军队的各种情报。但是，美国军队只知道他在古巴丛林的山里，却没有人知道确切的地点，因此无法联络。然而，美国总统又要尽快地获得他的合作。一名叫作罗文的人被带到了总统的面前，送信的任务交给了这名年轻人。

一路上，罗文在牙买加遭遇过西班牙士兵的拦截，也在粗心大意的西属海军少尉眼皮底下溜过古巴海域，还在圣地亚哥参加了游击战，最后在巴亚莫河畔的瑞奥布伊把信交给了加西亚将军，因此罗文被奉为美国的英雄。

看过《致加西亚的信》的人也许会觉得罗文所做的事情一点也不需要超人的智能，只是一环扣一环地前进，因此认为把罗文塑造成英雄有点言过其实。但就是罗文的这种"一步一个脚印"，踏踏实实地把信送给加西亚，才使美国赢得了战争。踏实并不等于原地踏步、停滞不前，它需要的是有韧性而不失目标，时刻在前进，哪怕每一次都要前进很短的、不为人所瞩目的距

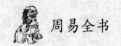

离。然而"突然"的成功大多都来自于这些前进量微小而又不间断的"脚踏实地"。

身居优位，历练通达

原文：拂经，居贞，吉；不可涉大川。

释义：违背颐养的正道，但是却能够安然地居于尊位，所以结果吉祥，只是尚不能处理极为艰险困难的事情，就像不能够涉过大河一样。

释例：在职场中我们身为老板了，既要能够管理好部属，成为他们的领导者，又要精通其业务，成为这方面的专家，同时还要处理好公司与外界的关系，我们也确实还有很多困难的事要去处理。真可谓是身兼数职了。他们大多精明、干练、能力较强，这当然需要一定的天赋，但最主要还是来自后天的刻苦钻研，努力探讨。

当然，要做到各方面都具有较强的能力，是不大可能也是不大现实的，但有一点对于老板来说是必须要具备的，即沟通能力。因为在老板的日常工作中，无论是接洽业务、分配工作、制定计划，都需要这种能力。可以毫不夸张地说，沟通能力是老板必不可少的、极其重要的一种能力。

那么怎样才能提高自身的沟通能力呢？实践出真知，必然要从自己工作中的琐事做起。

首先要多听。听公司里高级职员关于业务工作的讨论，听部属对公司现状的评论，听其它公司同行介绍经验或是讲述教训，以及听与公司业务有关的专业讲座等等。

这里所谓的话，不是仅指听见而已，而是要用心去听，能从讲话者的长篇大论中抓重点，或是筛选出对自己有用的材料，然后判断、归纳，最后形成自己的新观点；或者从中汲取教训、获得经验。这样看来，"听"并不是一件容易的事情，一定要认真地听，并且要听"进去"，说不定从两名售货员的闲谈中，你会获得很重要的市场信息呢！

其次还要多读，读与听可以获得同样的效果，但是"听"比较被动，别人不说，你从何而听呢？相比之下，"读"的自主性就比较大了，但有的老板先生会说：

"我每天的工作都安排得很紧张，连吃饭都在谈工作，"读"即使是让人喜爱做的事，但无暇顾及。假如你是这样想的，那就大错特错了。能力的培养是长期的，不是靠一朝一夕就能完成的。的确，要从快节奏的商业活动中抽出整段的时间来读书、看杂志是不大可能的。

这里给你一个建议：不妨把要看的东西，比如一本书、一本杂志放在随身的公文包里，一有时间就拿出来读上一点，长期坚持下去，你就会感到能力倍增。当然，在读的同时，还要进行思考。如果采取走马观花的办法来读，那么即使你读得再多，

岳飞像。岳飞，字鹏举，宋朝抗金名将。《易经·比》卦说：疑中之疑。比之目内，不自失也。是说布下重重的疑阵后，能使来自敌内部的间谍归顺于我。南宋初期，宋高宗害怕金兵，不敢抵抗，朝中投降派得势，主战将领宗泽、岳飞、韩世忠等利用投降派极于讨好金兵，探听消息的心理，布下了重重疑阵，使金兵不敢轻易进犯

也是毫无意义的。

"听"与"读"都是从外界输入东西，而"说"和"写"就是要向外界输出东西了。你必须把自己的想法整理成章，整理一个比较完善、系统的观点，然后介绍给别人，让别人能够正确地理解你的意思，同时还要注意搜集别人的反应，从中提炼出有用的东西，使自己的观点更加完善。

"听、说、读、写"是提高沟通能力的最有效有途径。作为老板要不断地学习，不断地充实自己，使自己成为一个名副其实卓越人士。

有思想更要有行动

原文：君子以成德为行，日可见之行也，潜之为言也，隐而未见，行而未成，是以君子弗用也。

释义：生活不是守株待兔的遐想，不是消极的自我研究，不是情绪化的虔敬神明，只有行动才能决定人生的价值。

释例：有思想没有构成行为，有好的理想，有好的

计划，没有做出来，没有成果，对社会、国家没有贡献，尽管有很好的德性，仍不能算是成德，这可以作知行合一哲学的根本。

西奥多·瓦尔曾经这样说："现在商界的年轻人最要命的弱点，就是缺乏准备，缺乏实干精神和考虑周到的素养，空有一番进取心，不愿为之努力奋斗。"

有一种品质可以让一个年轻人实现自己的愿望，在芸芸众生中脱颖而出，这就是实干精神。而是否具备这种实干精神，常常因人而异。在失败者身上，往往蕴含着大量没有利用、没有开发的能力。为什么他们没有好好利用这些能力呢？他们中的许多人都理应获得成功，而不是仅仅在温饱线上挣扎。他们完全有机会做得更好，但是，为什么他们没有呢？

经常问问自己，我们是否在努力做好？我们是否充分利用了自己的机会？我们是进步了还是落后了？这些思考都是非常有益的。

奥利弗·霍尔姆斯说："与我们行进的方向相比，处在哪个位置上倒是一个次要问题。"那么，我们究竟在向哪一个方向行进呢？

有千千万万的人拥有伟大的雄心、宏大的志向，他们也决定要实现这些理想，但是他们又因为疑虑困惑而停滞不前，甚至不肯迈出一小步。他们一直在等待着，不敢前进，就像有魔鬼守在门口一样。他们常常不愿意全力以赴，更不用说完全切断自己的退路了。

在我们的人生当中，我们期望自己的成功，就要为自己创造一个可进可退的人际宽松环境，这则是最好的处世之道。环境宽松了，我们的工作开展起来就显得游刃有余了，成功也不会离我们太遥远了。

依据《说岳全传》作者的见解，宋、金战争的真正起因在于：宋朝徽宗皇帝在祭天时，误将"玉皇大帝"的"玉"字上的一点，点到了"大"字上，结果写成了"王皇犬帝"。这惹得天界的玉皇大帝龙颜震怒，于是派遣赤须龙下凡投胎金国皇室，让他长大后带兵扰乱宋室江山，以讨宋皇不恭之罪。

因此，赤须龙就是金邦元帅兀术的原身。至于宋方的主将岳飞，小说介绍他的"真身"乃雄踞如来佛头顶的大鹏金翅鸟。它之所以下凡，是因为有一日释迦摩尼聚众讲学，内有一听众乃女土蝠，忍不住放了一个屁，大鹏金翅鸟怒其不洁，展双翅飞下将她啄死。于是，佛

祖将金翅鸟罚下红尘偿还冤债，规定它的任务是"保全宋室江山，以满一十八帝数"。

由此可见，岳飞是戴罪立功，这决定了他在凡间不可避免的悲剧命运。关于宋朝的权奸秦桧，小说指称他原为伪装人形的"蛟精"，因其真面目被大鹏金翅鸟在下凡投胎的途中识破，并被啄瞎了左眼；于是他怀恨投胎，长大后任宋朝宰相，千方百计将岳飞害死以报当年被啄之恨。

这样一来，八百多年前那场事关民族命运的金戈铁马，就被小说演义成由上天一手导演的冤冤相报的"天数"。然而，既然是"天数"，报应必须"公平"，历史的事实又做不到这一点。于是，小说的作者不得不无视历史，按一厢情愿的笔法，杜撰出荒诞无稽的"大团圆"结局。比如，金兀术侵犯中原，本是奉天命行事，行为无可厚非，结局也不应悲惨。但这不符合善恶报应的逻辑。

于是笔者节外生枝，借玉皇大帝的旨意给他安排的命运是："火龙虽奉玉旨下凡，不应私污秦桧之妻，难逃淫乱之罪，罚打铁鞭一百，摘去项下火珠，着南海龙王敖钦锁禁丹霞山下，令他潜修返本。"再比如，如来佛在罚大鹏金翅鸟下凡时，规定"直待功成行满，方许你归山，再成正果。"然而，岳飞并未完成保全宋室江山的使命，因此大鹏金翅鸟难以找到复归神界的理由。如此的结局同样不符合因果报应逻辑。这迫使作者进一步虚构故事：岳飞的二公子岳雷子承父业，经历千辛万苦，终于廓清宋庭奸佞；然后领兵北伐，直捣黄龙府，完成了父辈的未竟之志。于是，大鹏金翅鸟得以功成名就，重登佛顶，获得了善有善报的完满结局。《说岳全传》将人事委诸"天数"的自我逻辑最终是完成了，但它为完成逻辑而导致的史实捏造，却逆向证明了：人的历史是人自己创造的，要想在人之外找到历史的根据，只能是天方夜谭。

实际上，只要不是瞎子，谁都能一目了然地看到，人每日每时都在以社会的方式创造自己的历史。正是在这个意义上，马克思概括道："社会生活在本质上是实践的。"也就是，人类创造的世界，不但但靠的是思想，更主要的是靠人类的行动。

当我们看到一颗树的时候——我们看到苹果树，我们知道这个人之前种了什么样的种子？苹果种子。当我们看到香蕉树呢？香蕉种子。樱桃树呢？樱桃种子。当

我们在树上没有看到任何果实呢？表示之前没有种果树。

没有辛勤的付出就不会有收获的季节，想要收获丰硕的果实就得先有播种的行为。

生活不是守株待兔的遐想，不是消极的自我研究，不是情绪化的虔敬神明，只有行动才能决定人生的价值。

行动是一个人敢于改变自我、拯救自我的标志，是一个人能力有多大的证明。光心想、光会说，都是虚的，不能看到一点实际的东西。美国著名成功学大师马克.杰弗逊说："一次行动足以显示一个人的弱点和优点是什么，能够及时提醒此人找到人生的突破口"。毫无疑问，那些成大事者都是勤于行动和巧妙行动的大师。

人是自然的一部分，怎么来的又怎么去，真正属于自己的是经历。你的经历决定了你是什么，你感觉到了什么，你又创造了什么。

不管你的肉体怎么来的，也不管你的灵魂如何的丧失，作为人，一个完整的人，你应该知道你是什么。男人或女人，医生或学生，丈夫和教授等等，都不能代表你是什么。就象水有河水，污水，雨水，口水等等，可水是什么？无色、无味、透明的液体。如果你知道了你是什么，你就能象水一样，遇冷成冰，遇火成气，遇堵能绕，滴水穿石。

你的感觉是你对外部周围世界反应。你要爱和美好，你爱的一切都是美好的。从最初的感觉来认识和接受别人和事物，适应和选择你的爱，决定付出。当你付出而不图回报时，你已感觉到付出和回报是同步的。象你的呼吸是自然地一体，如果刻意地把呼和吸分开进行，就感到累，即使努力去协调，也不如忘掉它而让它自然调节来得舒服。

当你认识到了你是什么，而不是去把你做成什么其它谁，你就会感觉到这世界里的一切都不是你的敌人。如果你是水，就可解渴、荡涤、蒸发、灌溉、任意流淌，甚至成为雨、雪、彩虹。

你认识了自己也感觉了世界，同时你势必采取了行动。你的行动决定了你对世界的影响，也是你被认可的依据。别人不如你了解你自己，但他们可根据你的行动来判断你。当你爱上一个人、你的生活、这个世界，你必然会有所行动。也许你会犹豫、彷徨，但你终会做个

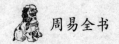

决定且付诸行动。你的行动是创造性的，只要你爱你的
行动而且没有无奈的压力。你有所创造，世界会更美
好，你会爱也会得到爱，你知道你是必然的存在，任何
其它人都不能替代你。